بِسْمِ اللهِ الرَّحْمَنِ الرَّحِيمِ

إدارة التغيير والتطوير التنظيمي

رقم الإيداع لدى دائرة المكتبة الوطنية (٢٠١٤/٢/٩٩٢)

٦٥٨.٤٠٦
محمد ، جمال عبدالله محمد
إدارة التغيير والتطوير التنظيمي/، جمال محمد.-
عمان دار المعتز،٢٠١٤
ر.إ: ٢٠١٤/٢/٩٩٢
الواصفات: / التغير التنظيمي // الادارة التنفيذية/
يتحمل المؤلف كامل المسؤلية القانونية عن محتوى مصنفه ولا يعبر هذا المصنف
عن رأي دائرة المكتبة أو أي جهة حكومية أخرى.

الطبعة الأولى

٢٠١٤م — ١٤٣٥هـ

دار المعتز للنشر والتوزيع

الأردن- عمان- شارع الملكة رانيا العبدالله - الجامعة الأردنية
عمارة رقم ٢٣٣ مقابل كلية الزراعة الطابق الأرضي
تلفاكس: ٠٠٩٦٢ ٦ ٥٣٧٣٠٣٥ ص.ب ١٨٤٠٣٤ عمان ١١١١٨ الأردن
e-mail: daralmuotaz.pup@gmail.com

إدارة التغيير
والتطوير التنظيمي

جمال عبد الله محمد

الطبعة الاولى

2014م- 1435هـ

دار المعتز

الفهرس

5

الباب الثاني

ادارة التطوير التنظيمي

9

المقدمة

إن المنظمات المعاصرة عبارة عن نظم اجتماعية، يجري عليها ما يجري على الكائنات البشرية، فهي تنمو وتتغير وتتطور وتتقدم وتواجه التحديات، وتصارع وتتكيف، ومن ثم فإن التغيير والتطور يصبح ظاهرة طبيعية تعيشها كل منظمة ادارية، كما انها لا تتغير وتتطور من أجل التغيير والتطوير نفسه، بل تتغير وتتطور، لأنها جزء من عملية تطوير واسعة، ولأنها يجب عليها أن تتفاعل مع التغييرات والمتطلبات والضرورات والفرص في البيئة التي تعمل بها .

كما ساهم التطوّر التكنولوجي الهائل في القرن الحادي والعشرين، بدفع موجة التغيير والتطوير في المنظمات إلى أقصاها، حيث كشف هذا التطور عن ضعْف واشكالية ادارة الموارد المادية والبشرية، واستدعى ذلك أساليب جديدة لمعالجتها بطريقة فعّالة، وابتكار نوعيات جديدة من الأنماط والمناهج الإدارية الملائمة للأوضاع المستحدثة، كإدارة الجودة الشاملة و خلق منهج الادارة المفتوحة، ومديرين ينعتون بمديري التغيير، وهم العناصر الذين يهتمون بتوليد أفكار التغيير وتطبيقه عملياً، لمواكبة إحداث هذا التغيير والتطورات.

يهدف هذه الكتاب لاستعراض بعض المفاهيم والقضايا حول ادارة التغيير والتطوير التنظيمي، من خلال الابواب التالية:

- الباب الاول: ادارة التغيير التنظيمي، حيث يقسم هذا الباب الى فصول هي:

الفصل الاول: ماهية التغيير

الفصل الثاني: ماهية إدارة التغيير

الفصل الثالث: التغيير التنظيمي

الفصل الرابع: الإصلاح الإداري

11

الفصل الخامس: القوة والصراع في التنظيمات الإدارية

- الباب الثاني: ادارة التطوير التنظيمي، والذي يقسم هذا الباب الى فصول هي:

الفصل الاول: التطوير التنظيمي

الفصل الثاني: تفويض الصلاحيات والتطوير التنظيمي

الفصل الثالث: إدارة الجودة الشاملة والتطوير التنظيمي

الفصل الرابع: الموارد البشرية ومداخل للتطوير التنظيمي

الباب الاول

ادارة التغيير التنظيمي

الفصل الاول: ماهية التغيير

الفصل الأول

ماهية التغيير

تعريف التغيير

التعريف اللغوي:

ان "التغيير" في اللغة العربية اسمٌ مشتقٌ من الفعل" غيّر" وغيّر الشيء أي بدله وجعله على غير ما كان عليه، وغير عليه الأمر: حوله، وتغير الشيء عن حاله: تحول، وغيره: حوله وبدله، وفي التنزيل العزيز قول الباري عز وجل" ذلك بأن الله لم يك مغيراً نعمة أنعمها على قوم، حتى يغيروا ما بأنفسهم وأن الله سميع عليم"، قال "ثعلب": حتى يبدلوا ما أمرهم الله، ولا تقل: تغيير الذات، وإنما قل التغيير في الذات، لأن هناك بوناً شاسعاً بين المعنيين، لأن تغيير الشيء يعني استبداله بشيء آخر أو تغيير ماهيته وكينونته إلى شيء آخر تماماً، أما التغيير في الشيء يعني بقاء الشيء على ما هو عليه مع إجراء تعديلات أو تغييرات محددة فيه.

التعريف الاصطلاحي:

التغيير في المنظور الإداري له عدد من التعاريف التي تذخر بها الأدبيات الإدارية عنه، وهذا إن دل على شيء فإنما يدل على أهمية التغيير في الحقل الإداري، وصعوبة إيجاد تعريف جامع مانع له، إذ شكل التغيير مادة دسمة للكثير من الباحثين والكتاب الذين تعرضوا لمحاولة تعريفه.

فقد عرفه سعيد يس عامر بأنه: استجابة مخططة أو غير مخططة من قبل منظمات العمل الإنسانية للضغوط التي يتركها التقدم والتطور الفني الملموس وغير الملموس في الماديات والأفكار.

15

أما كامل محمد المغربي، فقد تم تعرفه على أنه إلاحداث التي تمت عليها تعديلات في أهداف وسياسات الإدارة، أو في أي عنصرمن عناصر العمل التنظيمي استهدافاً لأحد الأمرين:

1) ملاءمة أوضاع التنظيم مع الأوضاع الجديدة في البيئة التنظيمية، وذلك بإحداث تناسق وتوافق بين التنظيم والظروف البيئية التي تعمل فيها.

2) استحداث أوضاع تنظيمية تحقق للتنظيم خلافاً على غيره من التنظيمات ميزة، تمكنه من الحصول على عوائد أكبر.

وفي حين عرف نائل عبد الحفيظ العواملة التغيير بأنه انتقال كمي او نوعي من مرحلة أو وضع إلى آخر، ويتضمن ذلك أية تعديلات مادية أو بشرية أو تكنولوجية أو غيرها من جوانب التنظيم المختلفة.

وعرف هيج التغيير بأنه: تأثير وتحول الهيئة أو الصورة (صورة أو شكل المنظمة) لتعيش حياة أفضل في البيئة .

وعرف حنا نصر الله وآخرون" التغيير بأنه: "الانتقال من وضع أو حالة معينة إلى وضع أو حالة أخرى.

في حين عرف عمر وصفي عقيلي التغيير بأنه: نشاط يهدف أساساً إلى احداث تغييرات في بعض أو جميع العناصر التي تتكون منها المنظمة من أجل مواجهة بعض التغيرات والأحداث المؤثرة فيها، والتي تحدث بداخلها أو خارجها في البيئة التي تعيش في كنفها، وذلك من أجل تحسين قدرتها على حل المشكلات وتطوير نفسها والتكيف مع المتغيرات البيئية الداخلية والخارجية، ويتم هذا الأمر عن طريق ادخال التغيير المناسب في المجال المادي أوالبشري أو الاثنين معاً بما يتماشى ويتوافق مع التغير البيئي الحادث.

وعرف **Bennis** التغيير بأنه: الاستجابة للتغيير نتيجة لوضع استراتيجية تثقيفية هادفة لتغيير المعتقدات والقيم والهيكل التنظيمي وجعلها أكثر ملاءمة للتطور

التكنولوجي الحديث وتحديات السوق.

بينما عرف خليل محمد حسن الشماع، وخضير كاظم محمود" التغير بأنه: حركة الانتقال الجذري أو التدريجي من واقع راهن إلى حالة جديدة تختلف عن سابقتها أو عن الحالة القائمة .

أما فاروق السيد، فقد عرف التغيير بأنه التحول من نقطة التوازن الحالية إلى نقطة التوازن المستهدفة، ويعني الانتقال من حالة إلى أخرى في المكان والزمان.

بينما عرفه موسى اللوزي بإحداث تعديلات في أهداف وسياسات الادارة أو في أي عنصر من عناصر العمل التنظيمي مستهدفة أحد أمرين هما: ملاءمة أوضاع وأوجه نشاط جديد يحقق للمنظمة سبقاً عن غيرها.

أما صلاح الدين محمد عبد الباقي عرف التغيير بأنه: هو في الواقع خطة ايجابية لتطوير أداء الجهاز أو المنظمة وتحسينها ونقلها من مرحلة إلى مرحلة أخرى أكثر فعالية ونجاحاً وملاءمة، لتغيرات البيئة والحياة المتغيرة دائماً، لأن منظمة العمل أو الجهاز الاداري يجب ألا يظل جامداً حتى لا يضطر إلى التغيير الاجباري وغير المرغوب.

وتعليقاً على ما سبق، يمكن أن نستخلص من التعاريف السابقة ما يلي:

1- هناك تعدد في تعاريف التغيير، ويرجع ذلك إلى اختلاف الزاوية التي ينظر منها هذا الكاتب أو ذاك للتغيير، فمنهم من يعرفه من ناحية الهدف، ومنهم من يعرفه من ناحية الوسيلة أو الأداة، ومنهم من يعرفه من ناحية الهدف، ومنهم من يحاول تعريفه من ناحية المدخل والمجال لاحداث التغيير، ومنهم من يحاول أن يعرفه بابراز سمة أو خاصية من خصائصه.

2- هناك خلط كبير من قبل الباحثين أو الكتاب بين مفهومي التغير والتغيير، اذ حاول بعضهم تعريف التغيير بأنه تحول، وقد سبق وأشرنا إلى ان التغييرهو عملية تحويل في الظاهرة أو الموضوع الذي يتمحور حوله الحديث، بينما التغير

هوعملية تحول في تلك الظاهرة أو ذاك الموضوع.

3- هناك أيضاً خلط كبير من طرف الكتاب بين مفهومي التغيير والتطوير، اذ أن بعضم حصر مجال التغيير في الهيكل التنظيمي، مهارات العمل، المجال البشري مع أن مجالات التغيير لا يمكن حصرها، وبالمقابل التطوير التنظيمي هو الذي يركز على الهيكل والمهارات والأفراد.

4- هناك أيضاً تداخل كبير لدى بعض الكتاب بين مفهومي التغيير والتنمية الادارية، اذ أنهم حصروا مجالات التغيير في أهداف وسياسات الإدارة، الجهاز الإداري، وهي مجالات تهتم بها التنمية الادارية أو التطوير الإداري.

ومن خلال ذكرنا للتعاريف السابقة، نستطيع تصور تعريف للتغيير كما يلي :

التغيير هو نشاط حتمي، مستمر، تفاؤلي، يقوم على استجابة مخططة أو غير المخططة أو المحتملة تواكب أو تؤثر في التغيرات البيئية الداخلية والخارجية الحالية أو المحتملة، وذلك باحداث تعديلات في بعض أو جميع العناصر التي تتكون منها المنظمة تكون عبر مراحل معينة باستخدام أدوات محددة من قبل أعضاء المنظمة أو من طرف جهات خارجية متخصصة، للانتقال بالمنظمة من حيث هي الآن في فترة زمنية معينة (الوضع الراهن) إلى حيث ترغب أن تكون خلال المستقبل (الوضع المنشود)، من أجل تحقيق أهداف المنظمة بشكل أفضل.

استراتيجيات التغيير

هنا يصف شاين وبن ثلاثة استراتيجيات للتغيير :

1- الإستراتيجية العقلانية التجريبية : حيث تقوم على أن الأشخاص عقلانيون، وسوف يقبلون بالتغيير إذا كان سينعكس عليهم بشكل إيجابي، ويقدم لهم مزايا ويحقق مصالحهم .

2- إستراتيجية التثقيف الموجهة : تستند على الجانب القيمي والثقافي للفرد، حيث ترى أنه محرك رئيسي لا يقل أهمية عن الجانب الفكري .

3- إستراتيجية القوة القسرية : ترتكز على أن التغيير هو إذعان من هم أقل سلطة لمن هم أقوى سلطة.

خصائص التغيير

تتميز عملية التغيير بعدد من المميزات، ومن أهمها ما يلي:

1- التغيير أمر حتمي: يقول علماء الاجتماع: «إن الشيء الوحيد الذي لا يتغير هو التغيير نفسه»، ذلك أن التغيير أمر حتمي وضروري ولازم، وهذا يتناسق مع طبيعة الأمور والأشياء، فلا شيء يبقى على حاله، ودوام الحال من المحال، فالحياة إلى انتهاء، والدنيا إلى فناء، كما قال الرحمان في عروس القرآن { **كُلُّ مَنْ عَلَيْهَا فَانٍ(26) وَيَبْقَى وَجْهُ رَبِّكَ ذُو الجَلَالِ وَالاكْرَام(27) فَبأَيِّ ألاَءِ رَبِّكُمَا تُكَذِّبَان(28)** }.

ويتجلى هذا الأمر أكثر في عالم اليوم حيث أصبح التغيير فيه قاعدة وليس استثناءً، فالعصر الذي تحيا فيه المنظمات الآن عصر مليء بالتغير والديناميكية في شتى المجالات: السياسية، الاقتصادية، الاجتماعية، القانونية، مما جعل الكثيرين يطلقون عليه" عصر التغير، وهذا التغير أصبح كالمد العارم يجتاح كافة المنظمات على اختلاف أنواعها وأهدافها ونشاطاتها بقوى وظروف بيئية

تفرض على المنظمات حتمية التغيير، سواء كانت هذه القوى تأتي من الخارج أو من الداخل تنذر المنظمات بأن تتغير أو تزول.

2- التغيير حركة تفاؤلية: أن حركة التغيير هي حركة ارتقائية بالضرورة، وأن المنظمات أثناء قيامها بعملية التغيير تنتقل عبر سلسلة من المراحل والخطوات أو الحلقات التطويرية تقفز بها من الوضع الحالي أو الراهن الذي تكون عنده في فترة زمنية معينة نحو الوضع المستهدف أو المنشود الذي تأمل في الوصول اليه مستقبلاً، هذا الانتقال يشبه الخط المستقيم .

3- التغيير عملية مستمرة: هناك قاعدة تقول أن التغيير مسألة مستمرة على مر التاريخ، فالتغيير حالة مستمرة يحصل بتخطيط مسبق أو بصورة عشوائية استجابة للظروف البيئية، كما قد يكون سريانه منظماً كجريان الماء، أو موسمياً على قفزات نوعية أو كمية، وقد يكون بطيئاً أو سريعاً، جذرياً أو تدريجياً، فهو من الظواهر التي تتصف بالديمومية والاستمرار ذلك أن المنظمات تعمل ضمن بيئة داخلية وخارجية تتصف بالحركية وعدم الثبات خاصة بيئة العصر الحالي، اذ أن السمة الغالبة عليها هي سمة التغيير المستمر، لذا على المنظمات أن تعتمد أسلوب التغيير المستمر لكي تحقق البقاء المستمر في الأسواق، لذا على المديرين أن يتوقعوا التغيير دائماً، ويعتبروه رحلة لانهائية لها، وكل تقدم يعتبر نقطة انطلاق لمرحلة ثانية أعلى، ولان احداث التغيير في المنظمات يتم على نطاق كبير، لذا لا يمكن اعتباره حدثاً واحداً بل عملية مستمرة، وكون التغيير عملية مستمرة فهو بهذا مرتبط بعنصر الزمن، ومن ثم تظهر أهمية الوقت في عملية التغيير.

4- التغيير عملية شاملة: ان اعتبار التغيير عملية شاملة يتماشى مع مفهوم النظم الذي يقضي بالنظرة الكلية والشمولية أو النظام محل الاعتبار، لذا يتعامل التغيير مع المنظمة بكليتها (بكامله)، أي باعتبارها نظاماً كاملاً، فالتغيير عبارة عن

استراتيجة تسير المنظمة بأكملها تسعى لإحداث تغييرات في جميع جوانبها، وهو بذلك يختلف عن التطوير التنظيمي والتنمية الادارية التي تعتبر تغييرات جزئية كونها تنحصر في مجالات محددة على مستوى المنظمة، كما أن النظرة المنظمية للتغيير تقضي بأن المنظمة باعتبارها تتكون من أنظمة فرعية متداخلة ومتفاعلة، فان أي تغيير في إحدى أنظمتها (عناصرها) يؤثر في كافة النظم الأخرى بدرجات متفاوتة، فتغيير نظام الرواتب والأجور، نظام الحاسب الآلي، إجراءات تقييم العمل، ساعات العمل، وما شابه به، له آثار مختلفة على باقي الأنظمة والعناصر، فتغيير نظام تقييم العمل الذي يصمم للوصول إلى دقة أكبر في السجلات وتحديد النشاطات والترقيات يؤثر في نظام التحفيز، الصراع الداخلي، ديناميكيات الجماعات وجوانب أخرى بالمنظمة.

أنواع التغيير

يجمع أغلب الباحثين في مجال التنظيم الاداري على أن هناك نوعين أساسين للتغيير، لابد من التفرقة بينهما كما يلي:

1) التغيير المخطط:

إنّ أحد طرق تعامل المنظمات مع القوى للبيئة الخارجية والداخلية هو التوقع المسبق لاتجاهات هذه القوى وتغيراتها، وقد ثبت عمليا أن المنظمات التي تشعر بالحاجة إلى التغيير قبل حدوث التغيرات البيئية، ثم تخطط للتعامل مع تلك التغيرات عند حدوثها بطريقة منهجية، هذه المنظمات أكثر فعالية وكفاءة، هذه العملية يطلق عليها مسمى"التغيير المخطط"، بناء عليه فان التغيير المخطط يتضمن توقعا للتغيرات البيئية المحتملة التي يتحتم على المنظمات أن تتجاوب معها، وكيفية هذا التجاوب بصورة مخططة طبقا لمتطلبات تحقيق الأهداف العامة أو الخاصة في المنظمات ذاتها.

وقد عرف "سكبنز" التغيير المخطط بأنه: "الأسلوب الإداري الذي يتم بموجبه تحويل

المنظمة من حالتها الراهنة إلى صورة أخرى من صور تطورها المتوقعة"، كما ان التغيير الذي يتحكم فيه وفي مساره ويخطط له فيحدد أهدافه وسرعته ومجالاته "، وعرفه زكي محمود هاشم بأنه: "محاولة مدروسة لتعديل وظيفة التنظيم الكلي أو أحد أجزائه المهمة لزيادة الفاعلية، ويمكن إحداث هذا التغيير بواسطة جهات خارجية متخصصة".

ومهما اختلفت هذه التعاريف إلا أنها تجمع على أن التغيير المخطط هو منظمي كونه يقع داخل المنظمات، ويتناول عناصرها وأبعادها في سكونها وحركتها، وأنه مخطط لكونه يستلزم الاتفاق المسبق على إجراءات محددة من جميع الأطراف حول أسلوب جمع البيانات تحليلها والحلول المقترحة، وطريقة تطبيقها، ومتابعة آثارها والتدخل لتعديل مسار التطبيق عند الحاجة، لذلك وأنه نابع عن قصد "إرادي" ويتبع خطة واضحة، ويسعى إلى تحقيق أهداف ملموسة مخطط لها سلفا، وأنه يتسم بالفعالية، قائم على الابداع واقتحام مجالات جديدة.

إنّ المنظمات الناجحة في ظلال القرن الحادي والعشرين سوف لن تكون سوى تلك المنظمات التي يتوافر بها قادة يؤمنون بحتمية التغيير المخطط الذي يقوم على فكرة التوجه بنشاط المنظمات نحو خلق المستقبل، التي تنظر للمستقبل من موقع الفاعل القادر على احداث التغيير وصناعته، هؤلاء القادة فعلا القادة المستقبليون أو صناع التغيير القادرين على تحديد ما يرغبون في حدوثه ثم يعملون على جعل تلك الرغبات حقيقة واقعة، الذين يقومون بالانتقال من الاستمرار في احداث ردود فعل قصيرة الأمد إلى توجيه وقيادة الامد القصير من خلال الأمد الطويل، وتوفير الوقت والجهد والموارد اللازمة لاستكشاف الفرص المتاحة والأساليب التي تؤدي إلى الحد من المشاكل والتعامل مع المشاكل قصيرة الأمد بابداء ردود أفعال مفيدة وفعالة بمعنى التصرف بشكل يقرب المنظمات من الأهداف الطويلة الأمد، بدلاً من الاكتفاء بمعالجة المشاكل الفورية، والحرص بصورة دائمة على مواجهة المواقف أو الظروف التي تتسم باستمرارية تغيرها بمزيج من الإجراءات الوقائية والمتوازنة توازناً صحيحاً تجمع ما بين الأمد الطويل

والقصير في أفضل صورة.

2) التغيير العشوائي:

على العكس من التغيير المخطط، هناك تغيير قائم على رد الفعل، ويحدث عندما لا تعطي إدارة المنظمات اهتماماً بالغاً في توقع التغييرات البيئية، بل حتى هذه التغيرات بالفعل، وتتحرك حين تشتد عليها الضغوط الخارجية أو الداخلية حينها فقط تقرر ماذا تفعل حيال تلك التغيرات، وتقوم بسلسلة من الإجراءات الفورية الملموسة الروتينية القصيرة الأمد، أي أنها إدارة مشاكل وإدارة بالأزمات، والتغيير الذي تعتمده هذه الإدارة في مواجهة تحديات البيئة وتهديداتها هو المسمى بـ :" التغيير العشوائي"، وقد عرفه موسى اللوزي بأنه : " التغيير الذي لا يكون مبنيا على خطة واضحة، كما انه لا تبذل فيه أي محاولة لتحقيق أي هدف".

إنّ التغيير العشوائي هو أسلوب دفاعي تتخذ فيه الادارة مجموعة من الاجراءات العلاجية في مواجهة التغيرات والأزمات، فلا توجد خطة واضحة المعالم تضع المستقبل في حسابها، وتعد العدة لمواجهة مشكلاته أو منعها قبل وقوعها.

إنّ الإدارة التي تلجأ إلى التغيير العشوائي، هي تلك الادارة التي تترك الامور تجري، والأحداث تتداعى حتى تقع الأزمات، حينئذ فقط تتحرك، وتنفق أو تقوم بسلسلة من الجهود المكلفة والشاقة، والتي غالبا ما تكون نتائجها غير الفعالة أقل من الكلفة والجهد المبذول، وحين تنقضي الأزمة تعود إلى سكونها، وتركن إلى قوقعتها مرة أخرى، فهي ادارة ساكنة وقتية جامدة لا تظهر الا وقت الأزمات وتنتهي بانتهائها، لذلك فان مصيرها الحتمي سيكون نحو هوة الفشل لسببين رئيسيين:

1- أن المنظمات التي تعتمد هذا الأسلوب سيزداد ضعفها أمام المنافسة، وغيرها من التهديدات الخارجية الأخرى، لعدم تمتعها ببعد النظر والتخطيط الاستراتيجي للتنبؤ بالتهديدات والضغوط واعداد الخطط الكفيلة باحداث التغيير المناسب

لمواجهتها.

2- عجزها عن القيام بمعرفة واستغلال فرص رئيسية كانت ستحقق لها قدراً كبيراً من النجاح.

وبمقارنة بسيطة بين نوعي التغيير المخطط والتغيير العشوائي، نجد أن التغيير المخطط هو أفضل نوع في احداث التغيير؛ لأنه يقوم بوضع الاستراتيجيات الضرورية للتعامل مع التغيير بأسلوب هجومي تتخذ الادارة فيه مجموعة من الاجراءات الوقائية لمنع حدوث التغيير المتوقع خاصة اذا كان هناك رغبة بعدم حدوثه، فالتغيير العشوائي أمر سهل وبسيط، ويمكن البدء به بسرعة، لأنه هدم والهدم أمره سهل وبسيط، خصوصا في الجماعات التي يعاني أفرادها من أزمة الوعي، أو تعاني صفوفها من التراكمات، والتواترات السلبية الكامنة أو المحدودة، لذلك فان مجرد الدعوة اليه، والسير باتجاهه يؤدي إلى تمزيق وحدة الصف وتفكيك الأوامر، والانتهاء بالمنظمة والعاملين فيها إلى أسوء الأوضاع، بخلاف التغيير المخطط فهو أمر صعب، ويحتاج إلى المزيد من العناية والتفكير والتصميم والارادة، وقبل كل ذلك الوعي الخلاق، وادراك ضرورة التغيير وضرورة العمل عليه.

لذلك فانه اذا تم الاعداد المناسب له، فانه سيحدث قفزة نوعية في العمل والعاملين، في أي منظمة كانوا، وعلى أي صعيد عملوا.

أشكال التغيير

هناك عدة أشكال وأنماط للتغيير، وذلك حسب المعيار المستخدم في التصنيف فيما يلي:

1- حسب نطاق التغيير:

حسب هذا المعيار نميز أشكال التغيير الآتية:

أ- التغيير الجذري الشامل: هو ذلك التغيير الذي يشمل كافة جوانب المنظمة دون

حصر أو اشتثناء، أي أنه يتناول المنظمة بكاملها، ةكما أنه تغيير جذري راديكالي كونه يمس صلب أساسيات المنظمة، اذ أن المنظمة تصبح مختلفة كلياً بعد انتهاء مشروعه، فهو تغيير كبير ومصيري، لذا يطلق عليه أيضاً مسمى: "التغيير الثوري" لأنه يحدد ثورة داخل المنظمة بشكل يغير ملامحها كليا وجذرياً، لذا لا يتصف هذا الشكل بالبطء، وانما يكون تغييراً سريعاً، من أمثلته نذكر إعادة الهندسة، تقوم فكرة هذا المدخل الإداري الحديث على إعادة التفكير الأساسي وإعادة التصميم الجذري الراديكالي الشامل للعمليات الإدارية، بالمنظمة من أجل الوصول إلى تحسينات كبيرة في الأداء وإعادة الهندسة لا تتضمن إصلاح أي شيء، ولكن كما يشير المصطلح فإنها تعني البدء من الصفر فيما يتعلق بالطرق الأساسية التي يتم بها أداء الأشياء، والمنظمات التي تستخدم إعادة الهندسة تنسى كيف كان يتم أداء العمل في الماضي وتبدأ من جديد.

ب- **التغيير الجزئي التدريجي:** هو عكس الأول إذ أنه لا يتناول المنظمة بكاملها، بل يتجه نحو جانب واحد فقط أو عدد من جوانب المنظمة، كما أن هذا الشكل من التغيير لا يتم دفعة واحدة أو مرة واحدة بل يحدث تدريجيا في جزء هنا، ثم جزء هناك، على قفزات متنوعة كمية أو نوعية في الأنظمة الفرعية للمنظمة، ومن أمثلة نذكر :

1- **التطوير التنظيمي:** هو محاولة طويلة المدى لإدخال التغيير بطريقة مخططة يركز على تغيير اتجاهات ومدركات وسلوكيات وتوقعات الأفراد، وكذا هيكل المنظمات ومهامها، وكذلك التكنولوجيات المستخدمة وذلك بغية زيادة فعالية لتنظيم وإحساسه بالصحة، من خلال مدخلات مدروسة في عمليات التنظيم، وذلك باستخدام نظرية العلوم السلوكية، ويعرف أيضا باسم: "التنمية التنظيمية ".

2- **التطوير الإداري:** هو عملية تغيير الأنماط والضوابط السلوكية للجهاز

الإداري كماً ونوعاً، لتطوير وتنمية قدرات الفريق الإداري الذي يعمل بالمنظمة، ويتضمن هذا الفريق المديرين التنفيذيين ومديري الإدارة الوسطى، والمشرفين وفقا لتغيير مخطط وهادف له بطريقة علمية، ويعرف أيضا باسم"التنمية الإدارية"، وتهدف برامج التطوير الإداري إلى تنمية المهارات القيادية لدى المديرين وكذلك تنمية قدراتهم على التفكير الخلاق واتخاذ القرارات الصحيحة، والتنمية الإدارية لا تختص بتطوير الطاقات الإدارية لرجال الإدارة الحاليين، بل تمتد لتشمل تهيئة مديري المستقبل، وتسليحهم بالقدرات الإدارية التي تمكنهم من تولي المناصب القيادية في المستقبل.

3- **التدريب:** هو عملية نظامية لتغيير سلوك العاملين باتجاه تزويدهم بالمعلومات والمعارف والمهارات والخبرات التي تؤدي إلى زيادة كفاءتهم الحالية والمستقبلية.

ويلعب التدريب دوراً كبيراً في تنمية وتطوير الأداء لكافة القوى العاملة في المنظمة، وزيادة إنتاجيتهم، مما يساعد على تحقيق أهداف المنظمة، والوصول بالأداء الإنساني في العمل إلى أقصى حد ممكن بالشكل والأسلوب الذي يحقق الاستخدام الأمثل للموارد البشرية المتاحة على مستوى المنظمة.

2- حسب الشكل القانوني:

هناك عدة أشكال يمكن أن يتم بها تغيير الشكل القانوني للمنظمات، ويختلف شكل التغيير ما إذا كانت المنظمة منظمة قطاع عام أو منظمة قطاع خاص، أو منظمة أجنبية خاضعة لقانون الاستثمار أو منظمة مشتركة أو فرع لمنظمة دولية، أو غير ذلك من أشكال التكامل التي تجمع بين عدة منظمات، ومن أشكال التغيير حسب الشكل القانوني نذكر ما يلي:

أ- التغيير في شكل الملكية من القطاع العام إلى ملكية القطاع الخاص: وهو ما

يطلق عليه بمصطلح "الخصخصة"، وهي سياسة ضمن مجموعة من السياسات التي تحث على الإصلاح الجذري اقتصادياً مع اعادة الهيكلة الصناعية والادارية، تعتبر الخصخصة جزء من سياسة أعم تحوي بداخلها أنشطة خاصة كانت من قبل تعالج بمعرفة القطاع العام، والخصخصة تعني تمويل عدد كبير من القطاعات الاقتصادية والخدمات الاجتماعية من ملكية الحكومة (القطاع العام) إلى ملكية القطاع الخاص.

ب- **التغيير في شكل الملكية من القطاع الخاص الملكية الحكومة:** سواء بالحراسة أو التأميم والحراسة نمط من أنماط التغيير القصري أو الاضطراري، ويحدث هذا النمط عندما تفرض الحراسة على المنظمة لصالح طرف من الأطراف أو طبقا لقرار من المدعي الاشتراكي، أما التأميم فيعني تحويل الملكية الخاصة إلى ملكية عامة، ومن السهل تأميم المنظمات (بجرة قلم من القوانين) وبمقتضاها تتحول المنظمة الخاصة (من خلال نزع الملكية الخاصة للأموال إلى ملكية الدولة)، أما في الخصخصة فان تحويل المنظمات من عامة إلى خاصة تشوبه الكثير من الصعوبات، خاصة بعد أن تردت الكفاءة، وتغيرت القيم وانهارت نظم وأساليب العمل.

ج- **التغيير في ملكية المنظمة ن خلال الاندماج أو الاستحواذ:** تدعو التغيرات الجديدة في الساحة العالمية مثل الاتجاه نحو التكتلات الاقتصادية العالمية إلى البحث عن بديل المنافسة الشرسة، وايجاد صيغ من التعاون بين المنظمات بدلاً من التنافس، والتطاحن لأجل السيطرة على المخاطر والتهديدات، والمشاركة في المنافع والمكاسب الملموسة وغير الملموسة، فظهر ما يسمى بالتحالفات الاستراتيجية التي أصبحت أكثر من ضرورة في ظلال القرن الحادي والعشرين ومن أكثر أنواع التحالفات الاستراتيجية شيوعا ما يسمى بـ: الاندماج والاستحواذ، وكلاهما يغيران في شكل ملكية المنظمة، ويعرف

الاندماج على أنه: " اتحاد مصالح بين منظمتين أو أكثر.

وقد يتم هذا الاتحاد في المصالح من خلال المزج الكامل بين منظمتين أو أكثر لظهور كيان جديد أو قيام أحد المنظمات بضم منظمة أو أكثر اليها كما قد يتم الاندماج بشكل كلي أو جزئي، أو سيطرة كاملة أو جزئية، وكذلك قد يتم الاندماج بشكل ارادي أو لاإرادي"، أما الاستحواذ فهو نوع من الاندماج اللاارادي يطلق عليه أحياناً الاندماج العدواني خارج الخطوط التقليدية، ويحدث عندما تسيطر ادارة منظمة قوية وناجحة على مقدرات منظمة ذات امكانات جيدة من أجل الاستلاء عليها، والاستغلال الأمثل لإمكاناتها.

3- حسب مصدر التغيير:

يمكن تصنيف التغيير حسب مصدر التغيير إلى ثلاثة أشكال أو أنماط هي:

- **التغيير المتعمد Intentional Change:** يكون ها التغيير متعمداً، أي صادراً من السلطة الداخلية للمنظمة، وينسب التغيير المتعمد إلى دور المدير ونشاطاته في إتخاذ القرارات، فالتغيير هنا هو البديل الذي إختاره المدير، وأصدر به قراره وتم تطبيقه ليعالج به مشكلة أويحسن به الأداء.

- **التغيير المفروض Obligatory Change:** في هذا النمط يفرض التغيير حرفياً على المنظمة عن طريق قوى معينة في البيئة الخارجية، أي أن المنظمة لا تقرر ذلك التغيير بنفسها، بمعنى أن قرار التغيير يصدر من سلطات خارج أسوار المنظمة، وعليها أن تنفذه، كأن يكون التغيير اجباريا عن طريق القانون مثل أن تغير المنظمة بعض سياساتها الإدارية، لتتماشى مع بعض التشريعات أو التعليمات الحكومية الصادرة كتخفيض ساعات العمل، أو زيادة عدد أيام الإجازات الإدارية للعاملين، أو أن يكون مفروضاً نتيجة التأثر بممارسات موظفي جمعيات حماية البيئة والمستهلك، أو بسبب تعليمات ضبط التلوث.

- **التغيير التكيفي Adaptable Change**: هذا التغيير ليس متعمداً صادراً عن السلطة الداخلية، وليس مفروضا من السلطات الخارجية، وإنما يحدث بناءا على إقتناع شخصي من المرؤوس، وبدون علم رئيسه، أي أن هذا التغيير ليس له قنوات رسمية تدعمه وتتابعه، ويحدث التغيير التكيفي بسبب من الأسباب التالية:

أ- التطوير بعض إجراءات العمل.

ب- لجعل أنشطة الأداء أكثر ملاءمة.

ج- لمواجهة موقف إستثنائي.

د- للإستفادة من فرص مواتية.

مراحل التغيير

من أشهر من كتب في عمليات التغيير هو Kurt Lewin، والذي يرى بأن أي تغيير لا بد وأن يمر بثلاثة مراحل أساسية وهي:

1) مرحلة الإذابة:

هي أهم مراحل التغيير لأنها تتعلق بحالة النظام (المنظمة)، وبمدى استعداده لممارسة التغيير، ولا شك في أن نجاح عملية تغيير النظام يتأثر إلى حد كبير باستعداد النظام الاجتماعي- النفسي للتغيير، وتهدف هذه المرحلة إلى إعداد العاملين نفسيا ومعنويا لاستقبال التغييرات المزمع إحداثها وذلك بإشعارهم بالأمان تجاه التغييرات التي قد تحدث في بيئة المنظمة، وبأنها لا تمس مصالحهم بسوء، وهذا بإبراز العوائد والفوائد التي قد تترتب على التغيير، والتخفيف من قيمة أي سلبيات محتملة، وكذا البدء في التغيير القوى البيئية الأخرى التي تؤثر في العاملين كنمط القيادة، نظم الحوافز وغيرها، بما يشجع العاملين على تقبل التغييرات المتعلقة بهم مباشرة.

ولهذا يتم في هذه المرحلة العمل على التخلص من الاتجاهات والقيم والممارسات

والسلوكيات التي يمارسها الأفراد داخل المنظمة في الوقت الحالي، ثم العمل على تهيئة الأجواء الملائمة لخلق دوافع جديدة عند الأشخاص لعمل شيء ما، ثم العمل على تقوية الشعور لدى هؤلاء الأشخاص بضرورة استبدال الأنماط السلوكية، والقيم والاتجاهات القديمة بشيء جديد، ولا يمكن للمنظمة أن يتم لها ذلك مالم تقم بتهيئة الأفراد والمديرين، ويطلق على عملية التهيئة بـ: "الإذابة"، حيث يتم تحرير الموقف الذي يتعرض له الأفراد والأقسام والمنظمة من أي متغيرات تؤدي إلى ثبات هذا الموقف، ومن ضمن أساليب تحرير وإذابة الموقف مايلي:

- منع أي مدعمات لأنماط السلوك التي تمثل نوعا من المشاكل التي يجب تغييرها، وذلك بإظهار أن أنماط السلوك السيئة هي شيء غير مرغوب فيه.

- نقل الفرد من بيئة العمل التي تشجع على التصرفات السيئة، قد يكون النقل إلى أحد الأقسام أو إلى دورة تدريبية تدور حول المشكلة المعنية.

- انتقاد التصرفات التي تؤدي إلى مشاكل، وقد يصل الأمر بالانتقاد إلى زرع الإحساس بالذنب، والبخس من القدر أو الحط من القيمة.

- إشعار العاملين بالأمان تجاه التغييرات التي قد تحدث مستقبلاً.

- تغيير بعض الظروف المحيطة بالتصرفات السيئة، فإذا كانت هي مثلاً التأخير والغياب، فان التغييرات التي تشعر العاملين بسوء هذه التصرفات قد تكون مثلاً تغيير مواعيد الحضور والانصراف، وعدد ساعات العمل والراحة، إن تفكيك أو إذابة الموقف تسهل للقائمين على التغيير من التبصير والوعي بوجود مشاكل تحتاج إلى تغيير، ولزيادة هذا التبصير والوعي بوجود مشاكل يمكن إجراء مقارنة أداء أجزاء المنظمة بعضها ببعض ودراسة تقارير الأداء، وتقارير الرقابة بشكل جاد، وأيضاً إجراء البحوث الميدانية داخل العمل عن درجة الرضا، وتغيير قيم العمل، ومشاكل العاملين، وإجراءات العمل والإنتاج، والأساليب الفنية وغيرها من الدراسات.

2) مرحلة التغيير:

تعني هذه المرحلة التدخل الذي يقوم به القائمون على التغيير على الأنظمة وأساليب العمل والإجراءات التنظيمية، وعلى السلوك الفردي والجماعي في المنظمة، وينظر بعضهم إلى مرحلة التغيير ليس فقط أنها مرحلة تدخل، بل إنها مرحلة تعلم، أي مرحلة يكتسب فيها كل فرد من الأفراد، وكل جماعات العمل، والمنظمة أنماط جديدة من التصرف والسلوك، والتي تساعدهم في مواجهة مشاكلهم وفي التغيير إلى الأحسن.

ولهذا، فإنه يجب في هذه المرحلة التركيز على ضرورة تعلم الفرد أفكاراً وأساليب ومهارات عمل جديدة، بحيث يتوفر لدى الأفراد البدائل الجيدة لأداء الأعمال، من خلال ما تقدمه الإدارة لهم، وفي هذه المرحلة أيضا يتم العمل على إجراء تغيير في الواجبات والمهام، كذلك في الهياكل الموجودة حالياً، الأمر الذي يتطلب من الإدارة ضرورة العمل على توفير معلومات ومعارف جديدة وأساليب عمل جديدة للأفراد العاملين للمساهمة في تغيير مهارات وسلوك هؤلاء وتطويرها.

وفي هذه المرحلة أيضا يحذر لفين من عدم الإقدام بشكل متسرع على تنفيذ هذه المرحلة وإحداث التغيير، لأن ذلك سوف يترتب عليه ظهور مقاومة شديدة ضد التغيير، الأمر الذي يؤدي إلى الإرباك والتشويش، وعدم الوضوح ومن ثم عدم تحقيق المطلوب، ويتراوح مدى التغيير من تغيير محدود إلى تغيير رئيسي وجوهري، فبرنامج تدريب بسيط لتنمية المهارات، أو تغيير إجراءات التعيين، يعد تغييراً محدوداً، طالما يتضمن مجموعة محدودة من الأفراد، وعلى العكس من هذا فإن التغييرات الجوهرية التي تتضمن عدد كبير من الأفراد قد تتمثل في إثراء مكثف للعمل، أو إعادة الهيكلة، أو المحاولات الجادة لزيادة صلاحية الأفراد لإتخاذ القرارات، ومن الضروري بأن نفهم أن هذه المرحلة تتطلب فترة زمنية طويلة نسبياً قد تستغرق عدة شهور أو أحياناً عدة سنوات لوضع التغييرات موضع التنفيذ.

31

3) **مرحلة التجميد:**

كما بدأت مراحل التغيير بضرورة إذابة الموقف، ثم انتقل الأمر إلى التدخل بتغييرات مطلوبة، يكون من اللازم بعد التوصل إلى النتائج، والسلوك المطلوب أن يتم تجميد ما تم التوصل إليه، ويمكن القول بأن هذه المرحلة تهتم بحماية وصيانة التغيير الذي تم التوصل إليه، وبمعنى آخر هي محاولة التثبيت والحفاظ على المكاسب والمزايا التي تم تحقيقها من التغيير، فإذا كانت هناك تغييرات في أساليب العمل السياسات والإجراءات، واكتساب الأفراد والجماعات والمنظمة أنماط جديدة، وجيدة من السلوك، فيجب إذن حماية ذلك والإبقاء عليه (أو ما يطلق عليه بتجميد الوضع) أطول فترة ممكنة، بل وضمان إستمراريته وثباته.

قوى التغيير

1- الاعتراف بالحاجة للتغيير: تعطي الاحصاءات والتقاريرالواردة على المنظمة صورة تقريبية لوضعها ومن خلالها تُتخذ إجراءات الاصلاح والتغيير، وهذه التقاريرتشمل معطيات حول الميزانيات المالية ومعدلات الاداء، وانخفاض الأرباح، وهبوط مؤشر المبيعات، بالاضافة الى انهيار معنويات الموظفين.

2- تشخيص المشكلة: إنّ مهمة التشخيص هيَ تحديد الاشكالية القائمة قبل اتخاذ أيّ قرار، فبناء على هذا التشخيص تتحدد الاهداف المطلوبة، ومن ثم احداث تعديلات على توجهات التغيير، وتقييم نتائجه.

3- تطوير بدائل واستراتيجيات التغير: هنا تُقدم المنظمة تقريراً تنتقي فيه النقاط المُرجّح تبنيها من أجل تحقيق نتائج إيجابية، وتدور حوْل استراتيجيات ثلاث وهي:

1- تغيير البناء التنظيمي: يقع التغييرهنا على مُسْتوى البناء التنظيمي الأساسيّ، وأشكال العمل والعلاقات بين السلطات، ويعرفها صاحب المفهوم مايكل

هامر Michael Hammer بأنها " عملية التفكير بشكل جذريّ، وإعادة تصميم العمليات في مجال أعمال مُعينة، بغرض إحداث تحسينات جذرية في المقاييس الحيوية و الهامة للأداء، مثل التكلفة، الجودة، الخدمة والسرعة".

2- تغيير سلوكيات الموظفين: تستخدم الإدارة عدّة أساليب من أجل النهوض بكفاءة الموظفين والرّفع من معارفهم، من بين ذلك إعادة توجيه العنصر البشري بأن يعِّدل الموظفون من معارفهم وقدراتهم ومهاراتهم وإتجاهاتهم (مواقفهم) في مجالات معينة، إذا ما أرادت مؤسسة الإتصالات تنفيذ رسالتها والحفاظ على تكيفها في بيئة تنافسية ومتغيِّرة.

3- التغير التقني: وذلك باعتماد تكنولوجيا متقدمة تستخدم آليات حديثة إضافة إلى تطوير أساليب الانتاج، وعرض عينات مبتكرة من المنتوج، مما يوفر عروضاً متجددة للزبائن تشجعهم على الاستهلاك والتردّد باستمرار على المعروضات لمعرفة الأشياء الجديدة، فالتغير التقني والتحديث أصبح مطلباً رئيساً لضمان استمرارية المنافسة.

4- تقرير المحددات.

5- اختيار الاستراتيجية المناسبة: لا بد للمنظمة ان تكون على استعداد لمقاومة التغيير، ومتهيأة لكل ردة فعل تؤثر على تسييرها وتوقياً لذلك عليها ان تقف على أسباب المقاومة وايجاد الحلول لها، ووضع استراتيجيات جديدة لامتصاصها.

6- التغلب على مقاومة التغيير: هي الطريقة التّي ستنتهجها الادارة لتخفيف المقاومة.

7- التنفيذ والتقويم: هذه المرحلة الأخيرة لها بعدان:

1- التوقيت: هو مَعْرفة الزّمن الذي سيحْدث فيه التّغيير، وهو ذو بعد

استراتيجي يعتمد على دوْرة عمل المنظمة والأعمال الأوّلية التّي سبقت التغيير، فالتغيير يجب أن يرْفع من مستوى ُطموح العمال، ويكيفهم مع الآليات الجديدة لا أن يعارض روتينهم اليومي، ويفضّل أنْ ينفذ في حالة راحة الموظفين، أمّا إذا كان خيار التغييريتوقف عليه بقاء المنظمة، فلا خيار أمامها إلاّ التنفيذ.

2- النطاق: قد يَطال تنفيذ التغييركل مفاصِل المنظّمة، ويتمّ تعميمه بوتيرة مُتسارعة، كما يُمكن أنْ يمرّ عبْر مراحل ومن إدارة إلى أخرى.

نموذج جون كوتر Kotter (John)

جُون كُوتر أُستاذ في كلية هارْفارد لإدارة الأعمال ومُتخصّص في مَجال القيادة في الأعْمال، فيَرى" أنّ إدارة التغيير أمْر مُهم ففي غياب الإدارة الرّشيدة قد تخرج عملية تحويل، وتغيير العمل عن السّيطرة وهذا أمر لا يُحمد ُعقباه، ومع ذلك فإنّ قيادة التغييرتعدّ أكبر التحديات التي تواجه معظم المؤسّسات، فالقيادة وحدها هي التيّ تستطيع أنْ تعصف بكل مصادر القصور الذاتي في المنظمة، والقادة فقط هم الذين يسْتطيعون دفع الأفراد للقيام بكل ما يلزم من أفعال، وإجراءات لتغيير السّلوك بأيّ طريقة من الطرق، والقيادة وحْدها هي التيّ يتسنّى لَها تثبيت التغيير بغرْسه وترْسيخه في الثقافة الأساسيّة للمنظمة".

ويرى كُوترضرورة الالتزام بهذا التسلسل وعدَمِ الإخلال به، لأنّ نجاح كل مرحلة يتوقف على نجاح المرحلة التّي تسبقها فلو تأملنا في المراحل (1-4) سنجدها تعمل على تقسيم العمل الآني في حين تمثل المراحل (5-7) تقديم المُمارسات الجديدة، أمّا المَرْحلة الثامنة والأخيرة، فتعمل على ترْسيخ وتثبيت هذه التغيرات في ثقافة المؤسّسة، والمَراحل الثمانية للتغيير تتطلب فريقاً مُتماسكاً من القادة وليس فرداً واحداً، كما يشترط في هذا الفريق أنْ يكون مكوّناً من أفرادٍ منْسجمين ذوي ُسْمعة:

الخطوة الاولى: إيجاد شعور بأنّ التّغيير ضرورة ملحّة Establishing a sense of Urgency:

1- حيث يرى كُوتر أنّ على قائد المؤسّسة أن ينجح في خلق الشعور و الاجواء التي تؤدي للتغييرلأنّه يُعزّز من المصداقيّة و الثقة لدَى العاملين، وهو الوسيلة المتاحة لإنجاز أيّ مشروع جَديد، وقد عدد كوتر تِسْعة عوامل تحقق الرّضا عن الوضعِ الرّاهن داخل المُنظمة، والتّي يجب أنْ نَعْمل على التخلّص منها، وهي :

2- خَلْق الأزمة: لا يرى الموظفون أي تهديد لمصالحهم داخل المؤسسة ما دام عناصر الخطر لم تتوفر، كالاستغناء عن الموظّفين أو وجود خسائر مادية، وبالتالي ففرص إقناعهم بالتغيير تبقى ضعيفة، ومن ثم يلجأ القائد إلى افتعال أزمة رغم ما يخلفه هذا القرار منْ خسائر إلا أنّه ضروري لشدِّ الأحزمة وتجديد روح العمل.

3- التخلص من الشعارات الكاذبة: إنّ مظاهر الترف داخل غرف المؤسّسة، لا تعبّر في الحقيقة عن نجاحها، فتوفر طاولة تقليديّة من الخشب النفيس بطول ثلاثين قدَماً، بالإضافة إلى السّتائرالثمينة والديكورات الجميلة وتركيبة الرّخام واستخدام الخشب الجيّد والبُسط الرّاقية، وتعليق اللّوحات الزيتيّة بكثافة، كلّها تبعث برسالةٍ واضحةٍ تُعبّر عنْ جلالةِ الوضِع.

4- تقديم معاييرخاطئة عن واقع المؤسسة: إنّ وضْع إحْصاءات تشير الى أرْباح بنسب معينة داخل المؤسسة عن العام المنصرم لا تعطي صورة حقيقية عن تقدم المؤسّسة، لأنّ التقدم الحقيقي يقاس بالمقابل بارتفاع كلفة الانتاج والتعرّف على أرباح المؤسّسات المنافسة.

5- التركيز على أهداف وظيفية محْدودة من طرف الهياكل التنظيمية: على المديرأن يُشرك كل الاعضاء الفاعلة، ويُحمّلها مسؤولية ما تؤول اليه المنظمة، لا أن يقتصر على قسم دون آخر.

5- تزْويد المُنظمة بأنظمة قياس داخلية دقيقة: تيُسّر على العاملين الوصول إلى

أهدافهم المرسومة، والتّي يجب أنْ تُقاس نتائجها بناء على معايير المقارنة مع المنظمات الأخرى، ومعدّلات نموّ السوق وتكاليف الوقت المُستهلك في تحقيقها والعائد على الاستثمار دون تجْريدها من العوامِل الخارجية.

6- عدم توفّر أنباء عن الأداء الخارجي: يجب أن يتمتّع المُدير بخصائص نفسيّة مميّزة، فيستمع إلى العملاء غير الرّاضين والمورّدين الفاشلين، وحملة الأسهم المحبطين.

7- عدم الاكتراث بالناصحين الأمِينين: بعض المُوظفين لهم اهتمام خاصّ بصدى أداء المُؤسّسة لدى عُملائها وحامِلي أسْهمها ومورديها يجب التعامل معهم بقسوة، وذلك بإقصائهم من مهامّهم.

8- عدم الإصغاء للاخبار السّيئة: المُدير ُيذعن لعادة البشرفي عدم سَماعِ ما لانريد أنْ نسْمعه، وأُصْل تزويد العاملين بالمعْلومات عن الفرص المُهدرة، حتّى لا يعودوا يستطيعون الجُلوس أو السّكوت أو صِمّ الآذان.

9- حديث الإدارة عنِ الانجازات الخارقة والأخبار السّعيدة: المديرون يُفضّلون الحديث عمّا حققوه من نجاح، حتى وإن كان نجاحاً محدوداً، ولمرّة واحدة توقفْ عن نشر الأخبار السّعيدة، ما لم تكن ناتجة عن عمليّة التغيير المُسْتمّر، ويجب أنْ نتوقف الآن.

الخطوة الثانية : بناء تحالف لقيادة مساعي التغيير Creating the Guiding Coalition :

ان التحوّلات الكبرى تنسب غالباً إلى كبار المسْئولين، ومع ذلك ،لا يستطيع أحد بمفرده وضع رؤية صحيحة، وتوصيلها إلى عدد كبير من الناس، ويذلل كل العقبات، ويحقق إنتصارات في الأجل القصير، ويرسخ التغيير في ثقافة الشركة بمفرده، الافكار مترجمة عن كتاب ادارة التغيير لجون كوتر بالتصرف.

وأهمّ السّمات التي تتحلّى بها هذه التحالفات من أجل القيام بعملية التغييرهي:

- إشراك أفراد منسجمين: غالباً ما تجمع بين المديرين الكبار الذين يمتلكون القدرة على إحداث التغيير والموظّفين الذين تتوفّر لديهم الخبرة و المصداقيّة و ُمديريّ خُطوط الانتاج الذين لديهم السلطة، لوقف كل ما لا يرغبون فيه، إنّ هذا التحالف الاستراتيجي بين هذه القوى سيمْنَحها التأييد الكافي للقيام بعملية التغيير.

- توفر جانب من الثقة المتبادلة بين أعضاء التحالف: يعتبر نقصان الثقة أمراً اعتيادياً داخل المؤسسة، بحكم التنافس الشديد بين أقْسام العمل من أجل الحصول على الموارد، إلاّ أنّ هذا لا يمنع في المقابل وجود ثقة متبادلة بين تحالف من الأفراد يُحتّمها عليهم وحدة الهدفِ والمقصد.

- الاشتراك في الهدف: إنّ الأفراد المُنْسجمين تحْدوهم الرّغبة في النهوض بالمؤسّسة وأدائها، وقد وفّر لهم مناخ الثقة المتبادل الجو المناسب لبناء هدف مشترك، وهو السّعى للوصول الى درجة عالية من التفوق والارتقاء في مجالهم العمليّ، وهكذا فكلّما كانت اللُّحمة قويّة بين المجموعة المنسجمة كانت الدفعة للتغيير أكثر كفاءة وفاعلية، وفي هذا الصّدد يقول كوتر "لأنّ إجراء تغييرضخم أمر يصعب جداً تحقيقه ويحتاج إلى قوّة هائلة لمتابعة العمليّة، فلا يمكن قط ّأن يقوم أيّ فرْد بمفرده حتىّ لوْ كان ذا منصب عال كالمدير.

وإنما يتحقق ذلك بوضع الرؤية الصحيحة وتوصيلها لاكبر قدر من الافرادو، والعمل على ازالة جميع العقبات الاساسية، وتحقيق مكاسب قريبة المدى، وقيادة وإدارة العشرات من برامج التغيير وتثبيت وترسيخ وجهات النظر والطرق الجديدة في ثقافة المؤسسة، وتعتبر لِجان العمل الضعيفة على الجانب الآخر، أسْوأ وأضلّ سبيلاً، فدائما ما تكون هناك حاجة إلى تحالف قوي تحالف من تشكيل صحيح، ومسْتوى مُناسبِ من الثقة المتبادلة، وهدف مشترك يسعى الجميع لتحقيقه، والقيام ببناء هذا الفريق يعد دائما جزءاً حيوياً في المراحل الأولية، لأي جهد مبذول لإعادة هيكلة أو إعادة هندسة العمليّات أو

استخدام مجموعة من الاستراتيجيات" .

الخطوة الثالثة : وضع رؤية واستراتيجية Developing a vision and Strategy:

ان الرّؤية أمر مهم لأيّ عملية تغيير لأسباب ثلاثة :

أولاً: توضح الاتجاه : فاذا لم تكن تعرف في أي اتجاه تسِير، فسوْف تجد نفسك في مكان آخر، وغالباً لا يتفق الناس على اتجاه التغيير، ويعتريهم لبس بشأن ما يحدث، أو يتساءلون عما اذا كانت التغييرات ضرُورية أم لا، والرّؤية تقول للناس : " هذا هوالطريق الذى يقودنا إليه التغيير .

ثانياً : الرّؤية تحفز الناس على اتخاذ إجراءات ليست بالضّرورة في مصلحتهم في الأجل القصير، والتغيير عادّة ما يخرج الناس من مناطق الرّاحه والدّعَه ومن أيام العسل : لأنّه يتطلّب العمل بصورة مختلفة أو مع وجود موارد قليلة، وتبين الرّؤية الجيدة للنّاس المستقبل الافضل الذى عليهم ان يضحوا من أجله اليوم .

ثالثاً : الرؤية تساعد على التنسيق : كل واحد يعرف إلى أين تتجه الشركة، ويقوم بعمله دون أن يرجع في كل صغيرة وكبيرة إلى المدير، وبدون رؤية مشتركة يختلف الناس باستمرار حول ما يجب أن يفعلوه.

الخطوة الرابعة : توصيل رؤية التغير Communicate the Change Vision:

إنّ الاتصال سلاح ذو حدين فتارة يكون فعالاً، وبالتالي له القدرة على توحيد تصوّرات الأفراد داخل المنظمة، وطوراً يكون ضعيفاً قاتلاً لروح الحماسة، وبالتالي يكون سبباً في إفشال عملية التغيير، ولتفادي هذا الفشل وضع كوتر سبعة مبادئ تكافح هذه الأخطاء:

1- استعمال العبارات البسِيطة والواِضحة للتّعبير عن الرّؤى وتجنّب الألفاظِ الغامضةِ أوْ المُعقدة.

2- استخدام اللّغة المعبّرة لتسهيلِ عمليّة التواصل بين الموظّفين.

3- أكْثِر من وسائل توزيع البيانات: كأنْ تُوزّع في الاجتماعات الكبيرة والمحادثات غير الرسمية و المذكرات والمقالات في النشرات الصحفية فالأفكار المتميّزة تبقى وتنتشر.

4- أسلوب تكرار الرّسالة : فكلما تكررت الرسالة كانت لك القدرة أكثرعلى حشْدِ فريق إدارتكَ.

5- ضرْب المثال والقدوة: يجب أنْ تكون صُورة القائد هي النموذج الذي يقتدى به، فعدم التصرّف طبقاً لهذه المُواصفات يُكسِب المُوظفين الشعور باللامبالاة.

6- الوُقوف على مَظاهرالتِّعارض داخل المُؤسّسة: فعدم التطرق إلى نقاط الخِلاف يُؤدّي إلى فقدان مِصْداقيّة المؤسّسة وعدم التجاوب مع طمُوحاتها.

7- توْضيح الأمور بكلّ صَراحة: إذا كان استخدام سُلطة القيادة للقيام بشيء مهمّ رغم كُلفته فيجب أنْ يوضِّح ذلك فالرّؤى ليست كائنات مقدسة، ويُتناول ذلك بنوع من المُرونة.

إنّ مشروع التغيير يتوقف على مدى إيجاد السّبل الكفيلة بنشْر وتطويرالرّؤية في كافّة مفاصل المؤسّسة، ولذلك يقول كوتر: "إنّ الرّؤية العظيمة يمكن أن تؤدي إلى هدفٍ مفيد، حتىّ و لو لم يفهمها إلا عدد قليل من الأفراد، و لكن القوة الحقيقية لأيّ رُؤية تبلغ ذروتها عندما يصل غالبية الأفراد المشاركين في مشروعٍ أو نشاطٍ، إلى فهم مشترك لأهدافه وتوجّهه، حيث يساعد هذا الشعور المُشترك الرّغبة في مستقبل يُعين على دفع وتنسِيق العمل الذي يُحقق التحوّل المنشود".

الخطوة الخامسة : التمكين (تمكين الموظفين من صلاحيات تساعدهم على التحرك والعمل) Empowering Employees for Broad-Based Action:

يرى كوتر أنّ التغييرات الطموحة لا بدّ أن تشترك في صياغتها كل الطاقات الفاعلة في هذه المرحلة حيث سيتم تخويل الموظفين بالعمل بوسائل تتاطبق مع الرّؤية، وفيها تظهر إبداعاتهم، ولإشراك كافة أفراد المؤسّسة في عمليّة التغييريجب اتباع الخطوات التالية:

1- الانطلاق من الرّؤية: إذا اتّضحت الرّؤية لدى كلّ الأفراد حوْل التوجّه الذي ترمي إليه المُنظمة فإنّ هذا يَخلق شعُوراً نفسيّاً مُشتركاً، ولِذا فإنّ الغرَض مِن دَفع الأفراد للمُشاركة في عَمليّة التغيير يَكمن في تمْكينهم مِن فهْم الرّؤية والاهتمام بها بشكلٍ شَخصِيّ.

2 - إعادة هيكلة و تنظيم الهيكل الداخلي ليتوافق مع الرّؤية: إنّ كافة أنواع الحَواجزالتنظيمية التيّ تعيق عمليّة الإبداع يجب أن تزول، حتى يتمكن الأفراد من تقديم أفضَل الاسْهامات في عمليّة التغيير واتخاذ هذا الإجراء في وقت مُبكر يأتي بنتائج أفضل بحُكم أنّ مُسْتويات الهمَم تكون عالية.

3- إتاحة التدريب الكافي: يهْدف التدريبُ إلى تخليص الأفرادِ من عَاداتهم القديمَة التيّ لازمتهم عبر سِنيّ عملِهم ليتصرّفوا بطَريقة مختلفة، ويتطلب ذلك بعض الوقت لتتكوّن لديْهم مهارات فنية واجتماعية جديدة.

4- الموازنة والتّنسيق بين أنْظمة المعلومات ونُظم العاملين: إنّ خُطوات التغيير الأولى عادة ما تكون مُرْهِقة و مُكلفة على المستوى الماديّ والقياس الزّمني، ممّا يُرْبك عَملية التغيير، حيث تسْعى بعض الأنظمة الداخلية للمؤسسّة إلى قَبول الواقِع الرّاهن بينما قد حان الوقت لتغييره، بل وإزالته لترْسيخ نُظم جديدة تعكس الرّؤية.

5- فتح باب المناقشات: إنّ صُعوبة تأقلم المُديرين مَع الرّؤية الجديدة دَاخل المؤسّسة سَتجعلهم يتشبّثون بالطرق التقليدية في تنفيذ مَهامهم، ممّا يخلق جوّاً صدامياً في التعامل معهم، وتصبح عمليّة التغيير عصيّة التطبيق، وبالتّالي فلا بدّ هنا من فتح باب المناقشات الصّريحة التّي تُؤدّي إلى حلول تظهر مثلاً حاجة الفرد داخل المنظمة إلى المساعدة من بعض زملائه أو يجب تنحيته والاستعاضة عنه بغيره، فالفشل في تغيير الأفراد غير المناسبين سيعيق عمليّة التغيير، ولا يضْمن نَجاحها.

ولذلك يقول كوتر" إنّ العمّال الذين يفتقدون للتشجيع والصّلاحيات اللاّزمة للعمل والتحرّك، يتعذر نجاحهم في ظلّ عَوْلمة الاقتصاد يوماً بعْد يومٍ، ولكن في ظلّ وجود الهيكل التنظيمي المُناسب، والتدريب والأنظمة والمشرفين للعمل على بناء، وتحقيق رؤية جيدة يُدركها الجميع، ويكتشف عدد متزايد من الشركات قدْرتهم على اسْتغلال مصْدر هائل من الطاقة لتحسين الأداء التنظيمي، ويستطيعون حشد مئات الآلاف من الأفراد للمُساعدة في تقديم القيادة لإحْداث التغييرات اللازمة".

الخطوة السادسة : تَحقيق بعض المكاسب على المدى القصير (Generating Short-TermWins): يَتطلبُ إنجاز عمليّات التغيير الكبيرة وقتاً طويلاً، لذك كان لا بُدّ منْ وَضْع خطة تحافظ على حماس الأفراد، وتعلقِهم بالرّؤية الجديدة، وللتدليل على أنّ عملية التغيير مُجدية، وتسير على الطريق الصحيح، كان لا بد من وضْع مكاسب مَلموسة تزرع الثقة في نفس الموظفين على المدى القريب تتسم بالوضوح، بحيث يلمس الموظفون بأنّ ما قدّموه من تضحيات لم يذهب سُدًى من أجل عمليّة التغيير:

- إنّ ما نتج عن العملية هو نتيجة فعلية وحتميّة مُقابل ما بذلوه، وليس ضَرْبة حظّ.
- أنّ لها ارتباط مباشر ووثيق، بما تم تنفيذه من أجْل إحلال التغيير.

ويرى كوتر أنّ التحسينات القصيرة الأجل ترفع من مُسْتوى البذل لدى العاملين، وذلك عن طريق:

1- إحْباط مُخطّطات المقاومين للتغييربأنْ لا نترك لهم فرصة للنيل من عملية التغيير، أو أيّ نقطة يعتمدون عليها لتأكيد صحّة مزاعمهم المناهضة والضّغط عليهم من أجْل جرّهم الى تبنيّ الرّؤية الجديدة.

2- توضيح جنْي المكاسب القريبة المدى، أنّها نتيجة للتضحيات.

3- إقامة الحجّة على أن التغيير قد أدّى الى تحقيق مكاسب على المستوى القريب، سيعطي ثقة أكثر للادارة من أجل مواصلة مسيرتها الناجحة .

4- إقامة مظاهرمُصغرة للاحتفال، إحتفاء بالمكاسب الجديدة و لرفع معنويات الموظفين.

5- التدليل على نجاح الرّؤية الجديدة و امكانية تطبيقها في الواقع.

6- إعْطاء دُفعة قويّة نحو الأمام، تُحوّل كل عامل مُتردّد إلى ناشِط فاعل بعد شحْنه بالحماس، وإقحامه في عملية التغيير بشَكل فعالّ.

الخطوة السابعة: توْسيع نطاق التحّول وتوظيف قوّة الدّفع نحو مزيد من التغيير:

إنّ مَظاهر الاحتفال بالانتصارات التي حققتها المؤسّسة على المدى القريب هو أمر يجب أنْ لا يبالغ فيه، فقد يتولّد عن ذلك تراجع المكاسب، ويُصبح تحدياً جديداً فالافراط في الثقة لدى العمال بذِريعة تحقيقهم بعض الانجازات قد يكون له أثر عكسي عندما يتوهم الموظفون أن عملية التغيير المنشودة قد تحققت، مما يؤدي الى ارتكاس هممهم وطموحهم فيقل عطاؤهم، وهذا يمنح فرصة كبيرة لقوى المقاومة لتعاود ترتيب أوضاعها، ولذلك وضع كوتر مجموعة من الخطوات لتفادي هذا الأمر:

بما ان التغيير كانت له إيجابيات على المؤسّسة والأفراد فلا بُدّ من الاستمرار في سياسة التغيير، هنا سيعتمد التحالف الذي يقود التغييرعلى ما حققه من مكاسب الماضي، مما يعطيه الصّلاحيات لتنفيذ عملية التغييرمشروعات جديدة تكتسي أهمية أكبر:

1- سَيقتنع بعْض الأفراد داخِل المؤسّسة بالانخراط في مشْروع التغييرالجديد لأنّه يحقق لهم بعض المَطامح والمكانة، ومن هنا سَيزداد عدد مديري المشاريع الذين سيشاركون الآخرين داخل المُؤسّسة.

2- سَتعمل القِيادة على إشراك الادارة العليا في العمليّة عن كثبٍ، حتّى يبقى الإحساس بالتغيير عقيدة قائمة لدى العاملين، وسيلتحق المزيد من مديري الإدارة العليا إلى عمليّة التغيير، مما يجعل المؤسسة أكثر مركزية، ويضفي الشرعية أكثر على عملية التغيير.

3- إنّ عمليّة التغيير ستقف على عددٍ من الاعتمادات بين الإدارات داخل المُؤسسة، لها روابط عشوائية بعد أنْ مضى عليها زمنٌ طويلٌ، وستقوم عملية التغيير بإزالة هذه المظاهر المعيقة.

الخطوة الثامنة: تَثبيت التغيير في ثقافة المُنظمة (Anchoring New Approaches in the Culture):

إنّ حِفاظ المُؤسّسة على المكاسِب التّي تحَققت منْ عَملية التغيير هُو تأسِيس لثقافة جَديدة، ولأنماط من السّلوك والقيم التّي سَتعمّ كافة المرافق الحيويّة بداخلها، والفشلُ في القيام بهذه المُهمّة دليل على عَوْدة المؤسّسة بعد فترة من الزمن لسالف عهْدعا، ومِنْ أجْل مُعالجة هذا الأمْر وَضع كوتر مجموعة من الأسس لتثبيت وترسيخ هذه الثقافة بشكلٍ دائمٍ و مستمرّ:

1- ترجيح تثبيت التغييرات الثقافية في النّهاية وليْس في البِداية: إنّ القيام بتغيير الثقافة في بداية المشوارسيكون مآله الفشل والاثر الضعيف والسّطحي على

مستوى المؤسسة، لذا فإنّ المنهجية الصّحيحة للتغيير تبدأ بتغييرالأعراف السّائدة والنظم المتبعة، بهذه الطريقة لا يشعر الموظفون بأنّ اتجاهات التغيير الجديدة قد فرضت عليهم فرضاً.

2- إدْراك أهمّية النتائج الملموسة: إنّ وُجود قرائن تدلّ على فاعلية الآليات الجديدة داخل المؤسّسة وتفوّقها على الطرق القديمة يعْني بداية تقبّل الثقافة داخل المُؤسّسة للأساليب الجديدة، وأيّ تعثر في استيعاب هذه الأساليب يعْني سِيادة الثقافة القديمة.

3- الاستعداد التامّ لمُناقشة كافة القضايا: إنّ التغييرات الثقافية الحديثة تتطلبُ زمنًا لتكونَ أنمُوذجاً ومثالاً معروفاً وواضِحاً بشكل أكبر، فالمُنظمة تحْتاج إلى جوّ من التناصُح والنقاشِ الذي يُضفي عليها طابع الحيويّة والانطلاق.

4- إمكانية تغيير بعْض العَناصِر المُهمّة داخِل المُنظمة: إنّ تعوّد المُوظفين علىَ ثقافة المُنظمة التي لازمتهم عبر سِنيّ عمَلهم تجْعلهم يتجاهلونَ وُفود الثقافة الجديدة، وبمَا أنّ هَدفنا هو ترْسيخ الثقافة الجديدة ونشرها بين الأفراد فانّ خيار التغيير سيَكون حتمياً، كما أنه سَيشمل عناصرمُهمّة داخِل المؤسّسة، وتُعتبرهذه العمليّة منْ أجْرء القرارات لأنّها ستعمل على التخلص من الثقافة القديمة التي أصْبحت قيماً مشتركة بين عناصر المؤسّسة عبر سنين طويلة، وأنّ إحداث أيّ تغيير في جوْهر الثقافة سَيحتاج إلى وقتٍ طويلٍ، ولذلك يجب التأكيد على ضرُو ة مواصلة التغيير.

5- إسناد الترْقية للعاملين بالثقافة الجديدة: لا بدّ أن تمنح الترْقيات للذين يعْملون بمُقتضى الثقافة الجديدة، لأنّ منْحها للجناح التقليدي يُمثل تزكية لهم، هكذا سَيميل مُعْظم المُوظفين إلى العَمل بالنظام القدِيم، لأنّ اسْتيعاب الجديد يتطلبُ الجهد والوَقت.

الآثار المترتبة عن عدم التغيير

من خلال الشكل السابق الذي أورده الدّكتور محسن الخضيري نلاحظ أنّه يشتمل على رزمة من الآثار الهامّة التي تهدّد كيان المنظمة والمجتمع وتدمرهما، ويمكن تناول عناصرها كالآتي:

1- الجمود: يمكن تشبيه الجمود بداء يصيب جسْم المؤسسة فيفقدها نشاطها وحيويتها، ومن هنا تصبح أشكال التنفيذ الاداري بعيدة عن التنوع والإبداع، وذاتِ أسلوب نمطيّ واحد، مما يُقلل من قدرة المؤسّسة على استيعاب المعارف والخبرات الجديدة، والتكيف معها، مما يجعلها تتجه الى الانحدار والتلاشي.

2- السلبية: تستشري حالة السّلبية بالمؤسّسة في غياب عنصر المبادرة بسبب سيطرة فئة محافظة مستفيدة لها القدرة على رفض الأفكار الجديدة، والمقترحات الجادة التي تُساهم في الرّفع من مسْتوى المؤسّسة، كمَا أنّها تسْتهدف كل مُوظف فاعلٍ بالعِقاب والفصْل، ومن هنا سيَرْضخ العاملون لهذه الحالة، ويستسلمون لأوامر القادة وتعليماتهم، ممّا يُعطِّل عمليّة إحْداث التغيير.

3- التخلّف: إنّ عدم مواكبة المنظمة لحركة التطوّر والأخذ بأسباب التغيير، سيفقدها القدْرة على المنافسة ويضع حداً لمسيرتها التنموية، ويدخلها في عالم التخلف، وهذا الجوّ يشجّع على نشر الفساد الإداريّ و تقلد المناصب من طرف فئة مُنحرفة لا تعمل إلاّ لمصْلحتها.

4- التدهور: في هذه المرحلة تعَرِف المنظمة انحِساراً على مستوى الانتاج، وتفقد الكثير من مكتسباتها، ويسْتشري نطاق الفساد، وتشتد سَطْوته على جميع الأنشطة، حتىّ يصبح سلوكًا ونمَط حياة.

5- التحلل: بحسب رأي الدكتور محسن الخضيري فإنّ الآثار المُترتّبة عن عدم التّغيير يمتزج فيها الاقتصادي بالاجتماعي، فانهيار المُؤسّسات وتحللها هو

نذير بانهيار المجتمعات التي ستفقد روابطها، ويصبح هم الفرد هو التفكير في ذاته وتلبية حاجاته، ومن هنا يتفتت المجتمع إلى وَحداتٍ صغيرةٍ بينها حواجزَ نفسية أملتها حالة الانكفاء على الذات.

6- الاهتراء والتفكك: هي مرحلة متطورة تشهد حالة من الفوضى على جميع المستويات يعاني المجتمع فيها حالة من الانقسامات، والتفكّك، ويفتقد القائد للشرعية، بحيث يُصبح كل قرار يصدر عنه مثاراً للجدل والرّيبة، ويصبح المجتمع ضحيّة صِراع بين أعضائه. فالكلّ يسْعى إلى الحصول على مكتسبات على حساب الآخرين.

7- الاختفاء و التلاشي: وهي المرْحلة الأخيرة التّي يتلاشى فيها المجتمع ويختفي، عن طريق ابتلاعه من المجتمعات المُجاورة أو الاندماج فيه.

كما يرى الدكتور الخضيري أن المراحل السابقة سيتولد عنها عاملان أساسيان، وهما:

1- مدى سيادة وسيطرة جماعات الضغط.

2- مدى سيادة وسيطرة أصحاب المصالح.

وفي هذه المرحلة يصاب المجتمع والمؤسسة والمنظمة الادارية بالجمود الاداري الذي يؤدي الى عدة سلبيات خطيرة، منها ما يلي:

السلبية الاولى: الاسراف في استخدام الموارد بشكل عام والموارد النادرة بشكل خاص.

السلبية الثانية: زيادة نسبة الفاقد في العمليات الانتاجية سواء من الوقت او الجهد او المواد الخام.

السلبية الثالثة: اتساع نطاق الضائع في المؤسسات والمنظمات الادارية بشكل يفقدها اقتصاديات الانتاج.

السلبية الرابعة: زيادة الراكد والعاطل من عوامل الانتاج في المنظمات الادارية، وبصفة خاصة غيما يتصل بالمخزون من الخامات والمنتجات التامة الصنع والالات والمعدات.

السلبية الخامسة: زيادة نسبة المعيب في الانتاج التام الصنع، وارتداد حجم كبير من المبيعات، وبدء فقدان السوق والمستهلك وظهور حالات رفض من جانب المستهلك وعدائه للسلع المنتجة وللشركة أيضاً.

الفصل الثاني

ماهية إدارة التغير

مفهوم إدارة التغيير

هي عبارة عن ظاهرة التحول في التوازن بين الأنظمة المعقدة من ثقافية واجتماعية واقتصادية وتكنولوجية، والتي تكون أساسيات المجتمع.

اما تعريف وندل فرنش Wendell French لإدارة التغيير:

يعرف وندل فرنش التغييرالتنظيمي بأنّه: " مجهودات منظمة تهدف لتحسين قدرات التنظيم على اتخاذ القرارات، وحل المشاكل، وخلق علاقات متوازية بينه وبين البيئة، عن طريق استخدام العلوم السلوكية.

أو هي المعالجة الفعالة للضغوط اليومية المتغيرة، التي يتعرض لها الشخص نتيجة للتقدم والتطور، في جوانب الحياة المادية وغير المادية والافكار، والتفاعل معها داخل مؤسّسات الأعمال وخارجها، من خلال ممارسة العمليات االادارية بكفاءة وفعالية، للوصول إلى الوضْع المنْشود.

أو هي تلك العملية التي يتم فيها تحويل منظمة قائمة من وضع لأخر من أجل زيادة فعاليتها، وهو المدى الذي تحقق فيه المنظمة أهدافها.

شروط أدارة التغيير الإيجابي

لكي يكون التغيير إيجابياً، لا بد أن تتوفر فيه الشروط التالية:

1- وضوح الهدف من التغيير.

2- أن يفي بتطلعات المنظمة والموظفين.

3- القضاء على أسباب الخلل.

4- أن يكون ضمن خطة مدروسة ومتوازنة.

5- أن يكون ضمن الضوابط والتوجيه الصحيح، لكي لا يخرج عن السّيطرة المتوازنة.

6- أن يأتيَ بطموحات و تطلعات جديدة للمؤسسة والعاملين فيها، ويزيدهم حماساً وتماسكاً.

7- أنْ يأتي بفرص عمل جديدة تأخذ بأيدي الجميع إلى التقدّم.

8- رفْع آثار الضّعف والاختلالات السّابقة عبر إزالة النواقص والسّلبيات القديمة التي ثارالتغيير عليها.

9- يزيل العوائق التيّ كانت تَزيد من ضَعْف المؤسّسة أو تُقلل من إيجابياتها.

10- اكتساب الإدارة عناصر أوْ مَهارات جديدة لتحقيق الأهداف، وغير ذلك من السّمات التيّ في مجموعها تعدّ مُؤشراً حقيقياً للتغيير الإيجابي الذيّ يحقق ُطموح المؤسّسة في البقاء.

قواعد ومبادئ التغيير

1- تزداد فرص نجاح التغيير إذا توافر فريق عمل من الاختصاصيين والاستشاريين.

2- يتفاعل الأفراد مع التغيير، ويزداد قبولهم له كلما أتيحت لهم فرصة أكبر لمناقشته والتحاور بشأنه.

3- لكل تغيير ثمن، فإما أن تدفع ثمن التغيير أو تدفع ثمن عدم التغيير.

4- كلما ارتفعت طموحات الناس ومستوياتهم الثقافية، كلما كان استعدادهم للتغيير أكبر.

5- نقد العملية التغييرية ومعارضة بعض جوانبها ظاهرة صحية، يحسن الاستفادة منها، وعدم إجهاضها.

مجالات ادارة التغيير

ان الأنشطة والأعمال، تكون شكل التغيير هنا على سبيل المثال إحداث أعمال وأنشطة جديدة، أو دمج أنشطة مع أنشطة أخرى، أو إلغاء أعمال قائمة:

1- العنصر البشري: وتأخذ التغييرات في هذا المجال شكل زيادة في حجم القوى العاملة عن طريق الاختيار والتعيين، أو تخفيض حجمها عن طريق التسريح والفصل، أو زيادة مهاراتها من خلال برامج التدريب والتنمية.... إلخ.

2- الموارد المادية: كتغيير الآلات، رفع المستوى التكنولوجي المستخدم، تغيير نوع المواد الأولية.... إلخ.

3- السياسات: يأخذ التغيير هنا شكل إلغاء سياسات قائمة، إدخال أخرى جديدة، تعديل سياسات معمول بها....إلخ.

4- طرق وإجراءات العمل: يأخذ التغيير هنا أيضا شكل تبسيطها لتحقيق السرعة في الأداء، أو إدخال طرق جديدة.... إلخ.

- الهيكل التنظيمي: يكون التغيير هنا على شكل إعادة تقسيم الوحدات الإدارية، إحداث إدارات جديدة، أو دمج إدارات مع إدارات أخرى....إلخ.

49

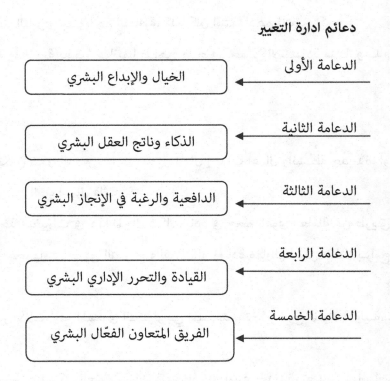

دعائم ادارة التغيير

الدعامة الأولى ← الخيال والإبداع البشري

الدعامة الثانية ← الذكاء وناتج العقل البشري

الدعامة الثالثة ← الدافعية والرغبة في الإنجاز البشري

الدعامة الرابعة ← القيادة والتحرر الإداري البشري

الدعامة الخامسة ← الفريق المتعاون الفعّال البشري

الخصائص الهامّة لإدارة التغيّير

ان إدارة التغيّير تتميّز بعدد من الخصائص الهامّة لا بدّ من إدراكها، ويمكن إجْمالها في عشرة نقاط:

1- التكامل أو التوافقية: تسعى عملية التغيير الى تحقيق قدر من التكامل بينها وبين احتياجات القوى المختلفة، واشباع حاجاتها لأن عملية التغيير ليست ممارسة ترف فكريّ على مجموعة من الموظفين، بل إنّ هذه العملية تقوم على نسبة الرّضا المتبادل لما يخدم مصلحة المنظمة والقوى العاملة.

2- المشاركة: لتكون ادارة التغيير بيئة امنة وتضمن استمراريتها، فهي بحاجة الى نوع من الانسجام وضمان ذلك يكون عن طريق المشاركة الفعالة بين قادة التغيير والقوى المتأثرة به.

3- الواقعية: إنّ المنظّمة عليها أن تدرك أنّ عملية التغيير يجب أن تكون في حدود مقدرتها وطاقتها المتوفرة ومواردها المتاحة.

4- القدرة والفاعلية: ان نجاح ادارة التغيير يتوقف على قدرتها في امتلاك هامش من الحريّة لاتخاذ القرارت من أجل توجيه القوى الفاعلة داخل المنظمة، وإجراء التغييرعلى النظم الإدارية المراد تصحيحها.

5- الغائية: إنّ عملية التغييرداخل المنظمة هو فعل واعٍ ومقصود بعيد عن العبثية يهدف الى:

- اقناع التيار المعارض للتغيير بالتأقلم مع الأوضاع الجديدة، ودمْجه داخل المناخ العام للمنظمة بصفته عنصراً فاعلاً، لا عامل هدم.

- إنّ قبول عمليّة التغييرتبدو عسيرة على بعض العناصر داخل المنظمة، مما يوجب إشاعة جوّ من المرونة على الكيان الاداريّ.

6- الشرعية القانونية: لابد أن تكون لإدارة التغير مرجعيّة شرعيّة قانونيّة من أجل الحفاظ على كيانها من الاتجاهات المعادية للتغيير، كما أنّها تتبنّى المبادئ الأخلاقيّة السّائدة في المجتمع، وتتوفر على دوائر إعلاميّة تعمل باستمرارعلى ترْسيخ مبدأ التغير كأداة لتحقيق نجاحات ومكاسب للمنظمة.

7- الاصلاح: إنّ من مهام عمليّة التغير الاصلاح: أيّ العمل على الحفاظ على بنية المنظمة، وذلك عن طريق حمايتها من كلّ ما يضرّ بها، والسّعي لاصلاح كلّ ما طرأ عليها من اختلالات.

8- الرّشادة أو المسؤولية: هو مُستوى الإدراك العميق، لمَا سينجرّ عن عملية

التغيير من تبعات إذْ يجب دِراسة كلّ خطوات التغييرقبل اتخاذ أيّ قرارٍ أو تصرّفٍ، أيّ أنّ التغيّير يجبُ أنْ يُوفّر مكاسبَ للمنظمة لا أنْ يضعها في دوّامة من َالخسائر.

9- الإبداع: إنّ خاصيّة الإبداع صِفة مُرتبطة بالمنظّمات المُعاصرة التّي تتبنّى مَنهج التغييرللحفاظِ على قدراتها، لذا فالتغيير يلعب دوراً ريادياً في غرْس قيم الابتكار والجودة داخل بيئة المنظمة، بما أنه يعْمل على تنمية القدرة الدافعة على التطوير ويسْعى لتقديم بدائل مُتطورة، تنهض بالمسْتوى المعْرفي للمُوّظفين.

10- امْتصاص الضغوطات و التكيف مع الأحداث: كثيراً ما تعْصف بالمُنظمة أحداثٌ تهدّد كيانها وتنذر بزوالها، حيثُ تتصادمُ مصالح الطرفين بداخلها، ويعمل كلّ طرفٍ على إزالة الآخر، وهنا يجب على السّلطة الفاعلة أنْ تتكيّف بسُرعة مع الواقع الجديد وتسيطر على الحدث، وتجنّب المنظّمة الصّدام الذّي يؤدّي الى دمارها بل إنها تمْسك بمُجريات الأحداث وتُوجهها حِفاظاً على المُنظمة ومَكاسبها.

أهداف ادارة التغيير

إن عملية التغيير لا تأتي بطريقة عفوية وارتجالية، وإنما تكون عملية هادفة ومدروسة ومخططة، ومن أهداف برامج التغيير والتطوير التنظيمي ما يلي:

1- زيادة مقدرة المنظمة على التعامل والتكيف مع البيئة المحيطة بها، وتحسين قدرتها على البقاء والنمو.

2- زيادة مقدرة المنظمة على التعاون بين مختلف المجموعات المتخصصة من أجل إنجاز الأهداف العامة للمنظمة.

3- مساعدة الأفراد على تشخيص مشكلاتهم وحفزهم لإحداث التغيير والتطوير المطلوب.

4- تشجيع الأفراد العاملين على تحقيق الأهداف التنظيمية وتحقيق الرضا الوظيفي لهم.

5- تغيير سلوكيات الأفراد العاملين في المنظمة لتنسجم مع التغييرات التي حدثت في الظروف المحيطة بالمنظمة، مثل الانتقال من العمل الفردي إلى تشجيع العمل الجماعي في شكل فرق عمل.

6- تقوية العلاقات والترابط والتعاون بين أفراد المنظمة.

7- زيادة دوافع الأفراد للعمل، وذلك باستخدام نظام حوافز فعّال.

8- تغيير الأنماط القيادية في المنظمات من أنماط بيروقراطية إلى أنماط مهتمة بالعاملين وبمشاركة العاملين في اتخاذ القرارات.

مستلزمات ادارة التغيير

1- السلطة: ذلك ليكون التغيير شرعياً وقانونياً، علماً أن السلطة يمكن أن تتحصل بالإقناع أو الانتزاع، والإقناع قد يكون بالحجة والبرهان، وقد يكون بتباين الخسائر التي ستلحق صاحب السلطة إذا لم يغير.

2- الرؤية: بأن يكون لقادة التغيير تصور واضح للمستقبل المنشود.

3- النظرة البعيدة: ذلك بأن يكون لقادة التغيير فهم وإدراك ووضوح للآثار المستقبلية لعملية التغيير.

4- المورد: حيث أن التنفيذ الناجح للتغيير يحتاج إلى موارد وإمكانيات مادية وبشرية.

5- مراقبة الخطط: هو الالتزام بمراقبة الأداء أثناء عملية التغيير وتحديد المشكلات، والسعي لحلها.

6- التضحية: هو الاستعداد لتحمل عقبات عملية التغيير، ودفع ضريبتها.

7- الإصرار: هو الاستمرار في عملية التغيير، وعدم التردد أو التراجع.

أسباب ودوافع ادارة التغيير

أ- المصادر الداخلية للتغيير:

1- المبادرة الشخصية والفردية:

هي عندما يتمتع الأفراد أو يحوزون على معرفة جديدة، ويقومون بتطبيقها على الوضع الراهن كطموحات المديرين.

2- عندما تقرر المنظمة وضع أهداف جديدة لعملها:

ويتبع ذلك إنشاء وحدات عمل جديدة لتلبية متطلبات أهداف التنظيم الجديدة، ويمكن استناداً لذلك استخدام أفراد جدد، بهدف تحقيق تلك الأهداف.

3- عندما تمتلك المنظمة موارد زائدة:

يمكن أن يأخذ ذلك شكل الأرباح الزائدة، أو الوقت الزائد لدى الموظفين، يمكنها عند ذلك إجراء المزيد من التغيرات التنظيمية، ويمكن للأرباح الزائدة للمنظمات أو لمواردها أن تمكن المنظمات من توظيفها في تشييد مراكز صحية للعاملين، أو دور حضانة للأطفال، بينما تعمد منظمات أخرى غلى تقديم برامج تدريب للعاملين أو مصادر لتطوير العمل عن طريق إجراء دورات متخصصة.

4- الحاجة إلى تخفيض التكلفة بشكل ملحوظ وكبير.

5- الأداء المتطور:

إنه من دون وجود برامج للتطوير التنظيمي (OD) فإن المنظمات ستعاني تدريجياً من انخفاض في الأداء.

6- إعادة هندسة المؤسسات والجودة الشاملة:

تتضمن تخفيض في عدد المستويات التنظيمية والبيروقراطية والمستويات الإدارية.

7- التقانات: ازدياد استخدام الحاسوب والأتمتة:

لقد أدت التقانات إلى تغيرات في الأعمال، وفي المنظمات على حدٍ سواء، وإن عملية استبدال الرقابة المباشرة على العاملين بالرقابة عن طريق الحاسوب أدت إلى توسيع نطاق إشراف المديرين، وإلى منظمات ذات هيكل تنظيمي مسطح بشكل أكبر.

كما أن تقانات المعلومات المتطورة أدت إلى أن تصبح المنظمات أكثر وأسرع استجابة، حيث يستطيع بعض المنظمات الآن أن تطور وتنتج وتوزع منتجات في زمن قصير جداً، مقارنة مع ما كان يتطلب ذلك من زمن في السابق.

8- مشكلات سلوكية:

هي ارتفاع معدل الدوران والغياب والإضرابات والتخريب.

9- مشكلات تتعلق بالعمليات:

هي إخفاق في الاتصال واتخاذ القرارات.

10- السياسات المدمرة للعمل والصراع التنظيمي.

ب- المصادر الخارجية للتغير:

تواجه العديد من المنظمات منافسين خارجيين بالإضافة إلى المنافسين الداخليين، وإن التغيرات التي طرأت على أسلوب حياة المستهلكين، بالإضافة إلى الاكتشافات الحديثة في التقانات تجبر المنظمات على التغيير أو تكون سبباً له، وقد تختلف درجة التغيير

من منظمة إلى أخرى، ولكنها جميعها تحتاج إلى التكيف والقوى الخارجية:

1- المنافسة:

ان منظمات الأعمال الناجحة هي المنظمات التي تكون قادرة على أن تغير حسب ظروف المنافسة التي تواجهها، بأن تكون متيقظة وقادرة على تطوير منتجات جديدة بسرعة وتسويقها بشكل سريع أيضاً، بمعنى آخر، إنها سوف تكون مرنة، كما ستكون بحاجة إلى فريق عمل مرن قادر على الاستجابة السريعة، والتكيف المستمر والظروف المتغيرة.

2- التطورات التقنية:

تتضمن تقانات الاتصالات الجديدة.

3- التغيير في طلبات وحاجات الزبائن.

4- التشريعات الحكومية:

تتضمن إعادة بعض القوانين أو استبدالها، والتصرفات الحكومية أو العقوبات الحكومية والخصخصة.

5- التغيير في هياكل القوى العاملة:

أصبح المدراء يتعاملون مع قوى عاملة أكثر وعي وثقافة، معظمهم متخصصون، ما يعني أن هؤلاء لديهم دوافع واحتياجات تختلف عن من سبقهم لذا كانت الحاجة إلى نظام حوافز أكثر فاعلية، وإلى نمط جديد من التفاهم وحل النزاعات والمفاوضات، حتى يمكن الاحتفاظ بهذه الكفاءات وحتى يمكن لهذه المنظمات أن تحقق أهدافها بكفاءة.

الفصل الثالث

التغيير التنظيمي

مفهوم التغيير التنظيمي

نعرض مجموعة من التعريفات كما يلي:

هو التحول من نقطة التوازن الحالية، إلى نقطة التوازن المستهدفة، وتعني الانتقال من حالة إلى أخرى في المكان والزمان.

أو هو احداث تعديلات في أهداف وسياسات الإدارة أو في أي عنصر آخر من عناصر العمل التنظيمي، بهدف ملاءمة أوضاع التنظيم وأساليب عمل الإدارة وأنشطتها مع تغييرات وأوضاع جديدة في المناخ المحيط به، أو استحداث أوضاع تنظيمية وأساليب إدارية، وأوجه نشاط جديدة تحقق للتنظيم السبق على التنظيمات الأخرى.

أو هو عملية تغيير ملموس في النمط السلوكي للعاملين وإحداث تغيير جذري في السلوك التنظيمي ليتوافق مع متطلبات مناخ وبيئة التنظيم الداخلية والخارجية، وأن المحصلة النهائية لتغيير سلوك التنظيم هي تطويره وتنميته.

أو هو عملية مدروسة ومخططة لفترة زمنية طويلة عادة، وينصب علي الخطط والسياسات أو الهيكل التنظيمي، أو السلوك التنظيمي، أو الثقافة التنظيمية وتكنولوجيا الأداء، أو إجراءات وظروف العمل وغيرها، وذلك بغرض تحقيق المواءمة والتكيف مع التغيرات في البيئة الداخلية والخارجية للبقاء والاستمرار والتطور والتميز".

أو هو استجابة ونتيجة طبيعية للتغيير الذي يحدث علي التنظيمات، والقدرة علي التكيف والاستجابة، وهو حالة لإيجاد التكيف والتوازن البيئي للتغييرات التي تحث في المناخ المحيط.

من خلال التعريفات السابقة يمكن استخلاص السمات والخصائص المميزة للتغيير التنظيمي، والتي تتمثل فيما يلي:

أولاً: يتضمن التغيير التنظيمي أي انحراف عن الماضي، وقد يكون هذا التغيير تلقائي يحدث بطبيعته دون تخطيط أو توجيه، أو قد يكون تغيرا مخططا يمكن ضبطه وتوجيهه نحو أهداف مقصودة ومحددة مسبقاً، ويتضمن التغيير جانباً أساسياً بالنسبة للإدارة، يتضمن زيادة قدرة الفرد والتنظيم علي التكيف مع البيئة الجديدة، والاستجابة لمتطلباتها بشكل مناسب وفعّال.

ثانياً: تستخدم عملية التغيير التنظيمي مفهوم نظرية النظم كأساس لمحاولات إحداث التغيير، وتعتبر المنظمة شبكة من النظم الفرعية المتداخلة، وبالتالي فإن الفرد أو الجماعة أو أي وحدة تنظيمية أخرى ينظر إليها علي أنها وحدة مستقلة عن الأحداث الأخرى تؤثر وتتأثر بما حولها، والمنظمة تعتبر نظاماً فرعياً في نظام اكبر هو البيئة الخارجية أو المناخ الخارجي، بمعني أن جهود التغيير دائمة ومستمرة لمجابهة التغييرات المتكاملة في البيئة الخارجية، وأن أي تأثير علي أي نظام أو فرع داخلها يؤدي بالتالي إلي مزيد من التغييرات في فروعها أو نظمها الأخرى، وبالتالي داخل البيئة الداخلية للمنظمة ككل.

ثالثاً: يستهدف التغيير التنظيمي زيادة فعالية المنظمة، وتحديد المواءمة المرغوبة مع بيئتها، مما يجعل المنظمة قادرة على التعامل الفعال مع الفرص والقيود التي تواجهها.

رابعاً: أن الإدارة الفعّالة للتغيير تستلزم وجود جهاز لرصد كافة التغييرات التي تحدث في البيئة الخارجية للمنظمة، وتحديد البدائل المناسبة للتعامل مع هذه التغييرات.

خامساً: يتم تأسيس المدخلات في برنامج التغيير التنظيمي على ضوء المعرفة بالعلوم السلوكية، مثل دافعية الأفراد، الاتصالات، العلاقات بين الأفراد والجماعات، وغيرها من النواحي السلوكية التي يتوقف عليها التغيير التنظيمي بدرجة كبيرة.

سادساً: لا تقتصر مسؤولية التغيير على الإدارة العليا فقط، وإنما تمتد لتشمل كافة المستويات الإدارية والوحدات التنظيمية بالمنظمة، ويتوقف نجاح عملية التغيير التنظيمي على كفاءة توزيع المهام والمسؤوليات على الإدارة العليا من جانب وجميع العاملين بالمنظمة من جانب آخر.

نستنتج مما سبق يمكن تعريف التغيير التنظيمي إجرائياً بأنه جهود مخططة ومدروسة للتدخل في أسلوب عمل المنظمات، بهدف إحداث تغييرات نوعية في المجالات السلوكية والتنظيمية، هدفها تحسين الأداء في بيئة العمل وتنمية قدرات العاملين، وتحسين الهياكل التنظيمية من خلال استحداث إدارات مؤهلة وقادرة على التعامل مع المستجدات، ويتم ذلك بالاستعانة بالمعرفة بالعلوم السلوكية، مثل دافعية الأفراد، الاتصالات، العلاقات بين الأفراد والجماعات، وغيرها من النواحي السلوكية التي يتوقف عليها التغيير التنظيمي بدرجة كبيرة.

دواعي وأهداف التغيير التنظيمي

في ظل التحولات العميقة التي يشهدها الاقتصاد العالمي، والذي وصف بأوصاف شتى اقتصاد المعرفة، الاقتصاد الرقمي، اقتصاد المعلومات، والتي انعكست بوضوح على قطاع الأعمال، لم يعد هناك مكان للتسيير التقليدي الذي يقوم على قرارات فردية يتخذها صاحب المنظمة (أو المدير)، حيث المعلومات كانت محدودة والأدوات والآليات متواضعة نسبياً والهياكل أقل بساطة، فالأسواق اليوم أصبحت مُعَولمة، ودورات حياة المنتجات تقلصت، وظاهرة المنظمات العابرة للقارات تنامت (المنظمة الشبكة)، واتخاذ

القرارات أصبح يعتمد أكثر فأكثر على الأنظمة الخبيرة إلى غير ذلك من التحولات، وهذا يجعل من التغيير لا مناص منه.

الحاجة إلى التغيير التنظيمي

بصفة عامة الحاجة للتغيير في المنظمات خاصة العمومية منها، تظهر على الأقل لمواكبة الحركة الدائبة للتغييرات الاقتصادية وقوى المنافسة، فمن الضروري أن يتوافر لدى المنظمات الدافع الذاتي لإحداث التغيير، فإذا لم يعتقد أعضاءها بحتمية التغيير فلن يتوافر لديهم الالتزام بنتائجه، وبالتالي لن ينجح برنامج التغيير في تحقيق أهدافه.

وتكمن أهمية التغيير في كونه بات من أهم متطلبات التقدم والتطور لمنظمات اليوم، ولم يعد ينظر إليه، كوسيلة تستخدمها بعض المؤسسات تبعا لظروف معينة، التي ما إن تمر حتى تعود كل الجهود المبذولة إلى حالة الركود والاستقرار، فما يمكن ملاحظته في الوقت الراهن من تنافس كبير بين المنظمات لتحقيق الاستقرار والنجاح، وهو ما أدى بها إلى حركة دائبة لا تهدأ مع التغيير والتطوير، لأن الصفة والسمة المشتركة بين المنظمات المعاصرة، هي ضرورة التغيير والتطوير لمواكبة التغييرات المختلفة في محيطها الخارجي.

وتتولد الحاجة إلى التغيير التنظيمي نتيجة العوامل التالية:

- زيادة القوة التي يتمتع بها العملاء والمستهلكون وسيادة عصر التوجه للعميل واحترام المستهلك والعمل على إرضاءه.

- ارتفاع الأهمية النسبية لقطاعات الخدمات على حساب القطاعات الإنتاجية.

- يمكن القول أن العولمة تؤسس لحكم شمولي يسود العالم في جميع ميادين الحياة، ويساعدها على ذلك تفوقها التكنولوجي والمعلوماتي من خلال النمو المتسارع والانفجار الكمي والنوعي للمعلومات والمعرفة (knowledge explosion The) وظهور حدّة المنافسة على الإنتاجية والنوعية.

- زيادة حدة المنافسة الخارجية خاصة في ظل ما يطلق عليه بالعولمة وانفتاح الأسواق على بعضها، وانضمام الكثير من الدول للمنظمة العالمية للتجارة (OMC).

- متطلبات الجودة الشاملة (TQM).

- التغير المستمر في رغبات وأذواق المستهلكين.

- التغيرات المستمرة في سوق القوى العاملة على جميع المستويات سواء من ناحية العدد (الكم)، أو التركيب النوعي للكفاءات، وهذا نظراً للتغيير المستمر في هيكل ونظم التعليم والتنمية والتدريب.

- الارتقاء بمستوى جودة الخدمة وزيادة رضا المستهلك.

- متطلبات التجارة الدولية؛ حيث يقتضي العمل والتنافس في المجال الدولي فرصا ومشكلات عديدة، ويجب أن تكون لدى المؤسسات القدرة على التنافس والتكيف مع الفوارق الثقافية وأساليب الاتصال وأخلاقيات العمل وإجراءاته.

أهداف التغيير التنظيمي

لابد وأن يكون للتغيير المخطط والمدروس أهداف محددة يسعى إلى تحقيقها، وبصفة عامة فإن أهداف التغيير تتلخص في الآتي:

1. خلق اتجاهات إيجابية نحو الوظيفة خاصة العمومية منها وتنمية الولاء لدى العاملين.

2. يجب أن يستند البرنامج على الافتراض بأن مستوى الفعالية التنظيمية والأداء الفردي يرتقيان بالقدر الذي يتيح تحقيق التكامل الأمثل بين الأهداف الفردية والأهداف التنظيمية.

3.الارتفاع بمستوى الأداء، وتحقيق مستوى عالي من الدافعية ودرجة عالية من التعاون، وأساليب أوضح للاتصال وخفض معدلات الغياب ودوران العمل والحد من الصراع، وتحقيق التكاليف المنخفضة.

4.إحياء الركود التنظيمي، وتجنب التدهور في الأداء، وتحسين الفعالية من خلال تعديل التركيبة التنظيمية.

5.التخلص من البيروقراطية والفساد الإداري.

6.خلق اتجاهات إيجابية نحو الوظيفة العامة وتنمية الولاء لدى العاملين.

7.تخفيض التكاليف من خلال الكفاءة وفعالية الأداء وحسن استخدام الموارد البشرية للآلات المتاحة، والموارد، والطاقة، ورأس المال.

8.زيادة قدرة المنظمة على الإبداع والتعلم.

9.بناء محيط محابي للتغيير والتطوير والإبداع.

10.تطوير قيادات قادرة على الإبداع وراغبة فيه.

11.تحسين الانطباع الذهني لدى الرأي العام عن المنظمة.

12.زيادة مقدرة المنظمة على التعامل والتكيف مع البيئة المحيطة بها وتحسين قدراتها على البقاء والنمو.

ومنه يمكن القول أنه من المهم أن تطور كل منظمة قدرتها على التكيف مع البيئة بدافع التعامل معها، وهذا ما يجعل من التغيير يتطلب إدارة خاصة في المنظمة لتطوير وتنمية حوافز عمالها، وبالتالي تطوير وتنمية كفاءتها الكلية، وهذا ما يسمى"بالمنظمة المتفاعلة".

مصادر وقوى التغيير التنظيمي

تظهر الحاجة للتغيير نتاج عوامل داخلية أو خارجية بالنسبة للمنظمة، فالعوامل الداخلية هي تلك تنطلق من احتمالات حدوث اضطرابات تنظيمية، وتشمل تلك المعطيات المتمثلة في محاولات التغيير، مثل تغيير الأهداف التنظيمية، وانخفاض الإنتاجية وارتفاع التكاليف، والمناخ التنظيمي غير المواتي، أما العوامل الخارجية فتشير إلى تلك القوى الموجودة في البيئة الخارجية للمنظمة والتي من شأنها أن تفاقم من عدم اليقين الذي ينبغي أن تواكبه المنظمة، وتشمل التغيير في المعرفة أو التقنية أو الفرص الاقتصادية والإطار الهيكلي للقوى السياسية، والاعتبارات البيئية، والعوامل الاديولوجية الثقافية.

ويمكن تقسيم القوى المرتبطة بالتغيير إلى قوى داخلية وأخرى خارجية.

أولاً: القوى الخارجية للتغيير:

تعد القوى الخارجية أكثر تأثيراً في المنظمة من القوى الداخلية لاتساع مجالها وصعوبة التنبؤ بأبعادها، وذلك أمر طبيعي نظراً للمتغيرات المتسارعة في البيئة التي تعمل فيها المنظمات، لذلك وجه هنا اهتماماً كبيراً لهذه القوى التي يصعب التحكم أو السيطرة عليها أو التنبؤ بها، وتتعدد هذه المصادر كما هو موضح في الشكل التالي:

القوى البيئية المرتبطة بالتغيير

البيئة الاقتصادية
البيئة التشريعية الإقتصادية
البيئة التكنولوجية الإقتصادي
جماعات العمل:
- الاتجاهات
- القيم والمعايير
- الاتصالات
-العلاقات
الأفراد:
- الاتجاهات
-الدوافع والسلوكيات
- القدرات
- المهارات
البيئة السياسية والقانونية
البيئة الاجتماعية
البيئة الثقافية

1- البيئة الاقتصادية:

تشمل زيادة حدة المنافسة الخارجية خاصة في ظل ما يطلق عليه بالعولمة وانفتاح الأسواق، وانضمام الكثير من الدول إلي المنظمة العالمية للتجارة (OMC)، كما أن هناك تغييرات في أسعار الفائدة الدولية، وفي أسعار العملات التي يتم الاستيراد والتصدير من خلالها، تغير قواعد المنافسة، فالانفتاح على الأسواق المتميزة بالحماية يفرض تغيرا إستراتيجياً وهيكلياً وثقافياً كبيراً، بالإضافة إلى سياسة خوصصة القطاعات وسياسة إدارة المشروعات على أسس تجارية.

هذه بعض التغييرات الاقتصادية العالمية التي أثرت بشكل أو بآخر في أساليب وأنماط الإدارة في المنظمات، وبالتالي دفعتها من الانتقال من المركزية والنظم البيروقراطية الساكنة التي تعمل بِرَدَةِ الفعل وطرق العمل النمطية إلى نظام أكثر مرونة يتناسب مع

طبيعة التحولات الاقتصادية العالمية، وبرزت الحاجة إلى ضرورة تنبي التغيير كخيار إستراتيجي.

2- البيئة السياسية والقانونية:

هي القوى التي تتميز بزيادة تدخل الدولة في النشاط الاقتصادي والاجتماعي فالبيئة القانونية تكمن في تغير القوانين أو تعديلها، إذْ أن هذه التشريعات تفرض قيودا أو تهيئ فرصاً، مثل التغيرات في السياسة الحكومية المالية والنقدية، أو وجود تغييرات داخلية أو عالمية تؤثر على الاتفاقيات الاقتصادية خاصة إذا كانت مع الدول التي تمثل أسواقاً مستهدفة أو المصدرة لسلع منافسة للمنتجات المحلية، بالإضافة إلى ما تفعله بعض الحكومات من الانسحاب من بعض الأنشطة وتنظيم البعض الآخر، ونتيجة لذلك تظهر فرص وتهديدات جديدة أمام المنظمات المتأثرة بهذا التحول، مثل إصدار قوانين وتشريعات حكومية جديدة (قانون العمل، قانون الضمان الاجتماعي، الضرائب، إلغاء بعض الأنشطة).

3- البيئة التكنولوجية:

تمثل أهم مصدر لإحداث التغيير وخاصة في القرن الحالي، حيث يبدو واضحا التطور العلمي المتسارع في جميع نواحي الحياة، كما أحدث التطور التقني في الدول الصناعية تغييراً موازياً في هياكل قوى العامل بها، حيث انتقلت من شكلها الهرمي التقليدي إلى منظمات العقول والمعرفة وليس منظمات الأعمال الروتينية، وترتب على ذلك تغير في مناهج التدريب وتغير في معايير الأداء والوصول إلى الجودة الشاملة، ومن أهم التغييرات التكنولوجية التي تدفع لإحداث التغيير التقدم في وسائل المواصلات والاتصالات، الأمر الذي قضى على الحدود التي كانت تفصل بين الدول، وتتجلى مظاهر التطور التكنولوجي المتسارع في رقمية التجهيزات والآلات، وثورة المعلومات التي تظهر من خلال تكنولوجيا الإعلام والاتصال، حتى وصف عصرنا هذا بعصر بحضارة المعلومات، وهذا ما نتج عنه تطور في أنظمة المعلومات (الأنظمة المساعدة في اتخاذ القرار،

والأنظمة الخبيرة) وتغيير في نمط التبادل (التجارة الإلكترونية)، ونتيجة لذلك تشتد الحاجة للتغيير من أجل توافق أنشطة المنظمات المختلفة وأساليب وطرق عملها مع متطلبات التغييرات التكنولوجية والتكيف معها في مجالاتها كافة.

4- البيئة الاجتماعية:

تتمثل هذه القوى بالعادات والتقاليد والمبادئ والقيم وكذلك في الاتجاهات، وأنماط الطلب على منتجات المنظمة نتيجة التغير في رغبات وأذواق المستهلكين، وزيادة القوة التي يتمتع بها العملاء والمستهلكين، وسيادة عصر التوجه للعميل واحترام المستهلك والعمل على إرضائه.

5- البيئة الثقافية:

تؤثر على قيم واتجاهات وسلوكيات الأفراد كمرؤوسين ورؤساء وعملاء وموردين، فثقافة المحيط لا تؤثر فقط على سلوك العاملين وأسلوبهم في التعامل، بل تنعكس هذه الثقافة في الهيكل القائم ونمط الإدارة السائد ونظم الاتصالات والمعلومات، وطرق الأفراد في حل المشكلات واتخاذ القرارات، كما تؤثر في اتجاهات العملاء، وبالخصوص في حجم الطلب وتصميم المنتج والمزيج التسويقي وأساليب التعامل مع العملاء.

ثانياً: القوى الداخلية للتغيير:

حيث قد ينشأ التغيير من مصدر آخر وهو المصدر الداخلي، والذي ينتج من القوى الداخلية في المنظمة فالإنتاجية المنخفضة، الصراع، الإضراب، التخريب، معدل الغياب المرتفع، ومعدل الدوران العالي، ما هي إلا بعض العوامل التي تعطي إشارة للإدارة بضرورة التغيير.

كما تظهر الحاجة للتغيير التنظيمي عند حدوث مستجدات جديدة في بيئة العمل الداخلية، وإمكانيات وقدرات المنظمة وأهدافها، أو عندما تواجه مشكلات ذاتية، مما

ينتج عنه عدم ملاءمة التنظيم الحالي للتعامل مع التغييرات الحادثة في البيئة، أو عدم التوافق بين عناصر التنظيم، مما يتطلب ضرورة إحداث تغيير تنظيمي في المنظمة، ومن القوى الداخلية التي تفرض التغيير ما يلي:

1- **وجود أهداف جديدة:** إذا ما قامت المنظمة بإضافة أهداف جديدة إلى الأهداف الحالية أو بتغيير أهدافها بأهداف أخرى جديدة (التخلي عن منتج أو إضافة منتج جديد)، فستقوم حتما بالتغييرات المناسبة لتوفير جو وظروف ملائمة بما في ذلك الموارد، الإمكانيات والوسائل، لتحقيق هذه الأهداف الجديدة.

2- **انضمام أفراد جدد:** إن انضمام أفراد جدد ذوي أفكار وخبرات ومهارات مختلفة، خاصة إذا عينوا قادة في الإدارة سوف ينتج عنه حدوث تغييرات وظهور أوضاع جديدة.

3- **عدم رضا العاملين:** إن عدم رضا العاملين ينتج عنه آثار سلبية على أداء المنظمة، ولهذا على المسيرين تشخيص أسباب عدم الرضا، ومحاولة إيجاد الحلول بإجراء التعديلات والتحسينات اللازمة التي يطلبها العاملين.

4- **تدني مستوى الأداء:** إذا تم اكتشاف تدني مستوى أداء المنظمة، عليها البحث في الأسباب والقيام بالتعديلات أو التغييرات التي من شأنها تحسين مستوى الأداء.

5- **إدراك الحاجة إلى تغيير الهيكل التنظيمي واللوائح والأنظمة المتبعة في المنظمة:** ذلك لتصبح أكثر مرونة وقادرة على الاستجابة الشاملة، لضروريات التغيير والتحسين المستمر في الأداء.

ومن المتغيرات التي تفرزها البيئة الداخلية كذلك نذكر ما يلي:

1- التغيير في الآلات والمنتجات وخطوط الإنتاج وغيرها من الأساليب الفنية.

2- التغيير في هياكل العمالة ووظائف العمل وعلاقات العمل.

3- التغيير في الإجراءات المتبعة في العمل.

4 - التغيير في علاقات السلطة والمسؤولية والمركز والنفوذ.

5- التغيير في الوظائف الأساسية للمنظمة كوظيفة الإنتاج والتسويق والتمويل والأفراد.

وفي الواقع العملي غالباً ما يكون هناك عدم انفصال بين القوى الداخلية والخارجية للتغيير، وأن هذه القوى وقوى أخرى سوف تضع كافة المنظمات بشكل عام، وبدون استثناء في موقف صعب جداً لن تستطيع الاستقرار والصمود أمامه، إلا عن طريق وضع إستراتيجية واضحة للتغيير والتطوير للوقوف أمام هذه التحديات، والعمل على الخروج عن الأطر التقليدية التي قيدت حركتها وفعاليتها، بل وأدت إلى فشل الكثير منها، وأن تتبني أسلوب تفكير جديد يقوم على التفاعل الإيجابي مع المتغيرات والمحددات البيئية المحلية والوطنية والعالمية، وتشجيع عملية الابتكار والتطوير داخل المنظمة.

مداخل التغيير التنظيمي

إن مجالات التغيير حظيت بكثير من الدراسات والأبحاث من قبل المهتمين بمجال التغيير التنظيمي، وذلك لأهميتها، ويتطرق التغيير لعدة مجالات مختلفة في المنظمة، كما أنه قد يشمل أكثر من مجال واحد في الوقت نفسه، وسوف نستعرض مجالات التغيير في المداخل التالية:

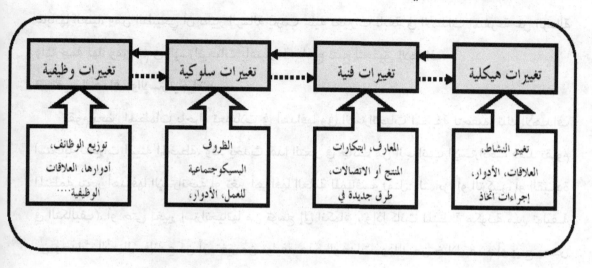

مداخل التغيير التنظيمي

أولاً: المدخل الوظيفي:

يهتم بفلسفة ورسالة وأهداف وإستراتيجية المنظمة، ويقصد بالفلسفة ما تتمتع به المنظمة من قيم عامة لها خصوصيتها وتميزها عن غيرها من المنشآت الأخرى، وتمثل ثوابتها وحركة العاملين فيها:

1- تغيير فلسفة ورسالة المنظمة:

إن تغيير فلسفة المنظمة يكون ضرورياً إما كنتيجة لتغيير الرسالة والأهداف والإستراتيجيات، أو بشكل مستقل، وهو إعادة تطويع الموارد وترشيد استخدامها بما يسهم في تحسين بلوغ أهداف جديدة وتخفيض التكلفة أو تحسين الجودة أو زيادة الإنتاجية، وتتناول الرسالة الغرض الرئيسي للمؤسسة ومجال أو مجالات نشاطها وأنواع منتجاتها والسوق التي تخدمها، حيث أن تغيير هذه الرسالة يجب أن يكون لمواكبة التغييرات التي تهيئ فرصا يمكن استغلالها بإضافة نشاط جديد، أو قد تفرض قيودا يتعين

معها إلغاء أو تحجيم نشاط أو أكثر، أما الأهداف فهـي الوسـيلة التـي تمكـن المنظمـة مـن الوصـول إلى غاياتها العليا، ومن الطبيعي أن تغيير الرسالة يترتب عليه تغييرات تابعة في الأهداف المتفرعة عن الرسالة والمترجمة لها، ومن ثم في الإستراتيجيات باعتبارها مناهج تتبع لتحقيق الأهداف.

2- تغيير الأهداف والإستراتيجيات:

تقوم بعض المنظمات بإجراء تعديلات في أهدافها وفي الإستراتيجيات المطبقة لتحقيق تلك الأهـداف استجابة لتغيرات البيئة المحيطة، وقد يحدث هذا التغير في جانب من الجوانـب الإسـتراتيجية فقـد تقـوم المنظمة بتغير أهدافها الإستراتيجية أو تغير أهدافها العامة للمنافسة (مثل: التمايز، أو التركيـز، أو القيـادة في التكاليف)، أو حتى تغيير إستراتجياتها من توسع إلى انكماش، وإذا كانت المنظمة مكونـة مـن توليفـة من وحدات الأعمال، فإنه يمكن أن تغير من توليفة هذه الوحدات، وذلك من خـلال ضـم أو بيـع بعـض الوحدات، ومثال ذلك أن تقرر المنظمة الدخول مع مؤسسة أخرى في نوع من الاستثمار المشترك أو تتجه إلى الأسواق الدولية.

ثانياً: المدخل الإنساني:

لقد ركز الكثير من الكتاب والباحثين عند إحداث التغيير من خلال الأفراد القائمين بالعمـل عـلى ناحيتين أساسيتين هما:

1- **التغيير المادي للأفراد:** من خلال الاستغناء عن بعض العاملين أو إحلال غيرهم محلهم.

2- **التغيير النوعي للأفراد:** وذلك بالتركيز عـلى رفـع المهـارات، وتنميـة القـدرات أو تعـديل أنمـاط السلوك من خلال نظم التدريب أو تطبيق قواعد المكافآت والجزاءات التنظيمية.

ومن الباحثين من ركز على النواحي الإنسانية عند إحداث التغيير التنظيمي في

المنظمة، وذلك من خلال إدخال التغيير في مجالين أساسيين هما:

1- المهارات والأداء: يستخدم لذلك ثلاث مداخل:

أ- **الإحلال:** أي الاستغناء عن العاملين الحاليين واستبدالهم بأفراد أكثر كفاءة وإنتاجية، إلا أن هذا الإحلال يصعب تطبيقه.

ب- **التحديث التدريجي للعاملين:** بمعنى وضع شروط ومعايير جديدة لاختيار العاملين الجدد.

ج- **تدريب العاملين:** أي تدريب العاملين الموجودين على رأس العمل بهدف تحسين أدائهم للعمل من خلال إكسابهم مهارات جديدة.

2- الاتجاهات والإدراك والسلوكيات والتوقعات:

ذلك بأن يتم التغيير من خلال الاتجاهات والإدراك والتوقعات، كما يمكن تغيير ثقافة المنظمة وسلوك الأفراد وسلوك المجموعات.

ثالثاً: المدخل الهيكلي:

هو ذلك المدخل الذي يعمل على إحداث التغيير من خلال إجراء تعديل وتغيير في الهيكل التنظيمي للمنظمة، ويُعَرَّف الهيكل التنظيمي بأنه "الإطار المؤسس الواضح لمكونات المنظمة، وما تضمه من الأقسام والفروع التي تتبعها، والمحدد للمستويات التي تتدرج عليها، وللاتصالات التي ينبغي أن تتفاعل عن طريقها، وللأنشطة التي تنهض بها، وللمستويات والصلاحيات التي تعطى لها.

كما يتكون الهيكل التنظيمي من (تصميم العمل والتخصص، التكوين التنظيمي، التفويض، نطاق الإدارة، التنفيذيون والاستشاريون)، ومن ثم فإن أي تغيير في أحد أو بعض هذه المكونات يدخل في مجال "التغيير الهيكلي أو البنائي"، مع ملاحظة أنه من الصعوبة تحديد العناصر أو المتغيرات التي تقع ضمن المجال الهيكلي، إلا أن المنظمات قد

تلجأ إلى إحداث تغيير شامل في بنائها التنظيمي كله، ويطلق على هذه العملية اصطلاح "إعادة التنظيم"، أي إعادة كل مكونات التنظيم والتكوين التنظيمي والكشف عن أي خلل موجود، ثم إعادة البناء مرة أخرى على أساس أكثر ملائمة للأهداف والتطوير والبيئة المحيطة بالمنظمة بحيث يمتد لمختلف الأنشطة وعلاقاتها التنظيمية، ومن أمثلة ذلك تحول المنظمة من التنظيم الوظيفي إلى التنظيم المصفوفي.

ويرى كثير من الكتاب أن عملية التغيير في الهيكل التنظيمي قد تتم من خلال إعادة توزيع الاختصاصات وتجميع الوظائف، وإعادة تصميم طرق الاتصال وقنوات تدفق السلطة والمسؤولية، بالإضافة إلى استحداث وحدات تنظيمية أو استبعاد أخرى، وما يترتب على ذلك من تعديلات في عناصر التنظيم الأخرى من أفراد وسياسات وإمكانيات ونظم وإجراءات، ومع سرعة التغيير والحاجة المستمرة للتأقلم مع المتغيرات الجديدة وغير المتوقعة، فإن الكثير من الباحثين يرون أن للهياكل التنظيمية تتميز بالوقتية وكثرة اللجان أو مجموعات العمل التي تحتاج إلى قدر من التنسيق والتعاون بينها، حيث أن تلك المجموعات تعمل على أساس متناسق الأجزاء (عضوي) بدلاً من العمل بصورة روتينية خالية من التفكير.

رابعاً: المدخل التكنولوجي:

هو المدخل الذي يتم التركيز فيه لإحداث التغيير على إعادة تركيب وتدفق العمل، وعلى أنماط العمل وأساليبه وطرقه، أو على الوسائل المستخدمة في أداء العمل، أو إدخال معدات وأدوات وأساليب جديدة في العمل، كما أن العوامل التنافسية فرضت على وكلاء التغيير ابتداع معدات ووسائل وأساليب عمل جديدة تمكنهم من إحراز السبق على غيرهم من المنظمات المنافسة، ولا شك أن للتكنولوجيا دور مهم ومؤثر في فعالية المنظمة، وهناك اتجاهان يمكن التعرف عليهما بصفة عامة من الدراسات والكتابات المهتمة بالتكنولوجيا والمنظمات وهما:

الاتجاه الأول: هو ذلك الذي يهتم بأثر التكنولوجيا في سلوك واتجاهات العاملين.

الاتجاه الثاني: يهتم ويركز بصفة أساسية على دراسة أثر التكنولوجيا على الهيكل التنظيمي.

ويأخذ التغيير التكنولوجي عدة أشكال أهمها: استخدام تقنيات حديثة بغرض زيادة الإنتاجية، وخفض تكلفة الصيانة وتحسين جودة الإنتاج، كما أن مجال التكنولوجيا لم يعد مقصورا على نشاط الإنتاج بل يشمل النشاط الإداري، حيث تم استبدال الآلات الكاتبة بأجهزة الكومبيوتر الشخصية.

خامساً: مدخل عبر تغيير الترتيبات المادية:

يشمل تغيير الترتيبات المادية، تغيير المسافات والترتيبات في موقع العمل، كما يجب أن يكون التركيب الداخلي لموقع العمل بعيدا عن العشوائية وأن تأخذ الإدارة بعين الاعتبار متطلبات العمل، ومتطلبات التفاعل الرسمي والحاجات الاجتماعية حينما يتخذ القرار حول ترتيب العمل والتصميم الداخلي، فعلى سبيل المثال يمكن التخلص من الجدران والتقسيمات الداخلية، وفتح المكاتب على بعضها فيصبح من السهل على العاملين الاتصال مع بعضهم، كما يمكن للإدارة أن تغير كمية وأسلوب الإضاءة ودرجات الحرارة ومستويات الضوضاء، بالإضافة إلى تغيير الأثاث والديكور.

وبعد استعراض أهم مجالات التغيير التنظيمي، فإننا نستطيع استنتاج ما يلي:

1- أن أي تغيير في أحد هذه المجالات يستلزم بالضرورة إحداث تغيير بالمجالات الأخرى.

2- رغم أننا حاولنا حصر جميع مجالات التغيير فإن ذلك لا يعني انحصار مداخل التغيير في هذه المجالات فقط، بل هناك العديد من المجالات الأخرى.

3- يمكن للقيادة في المنظمة أن تحدد المدخل الأساسي لإجراء التغيير بناءاً على فهم وإدراك مجموعة التغييرات المؤثرة في حياة المنظمة، وكيفية التعامل معها

والتأثيرات المتبادلة بين تلك التغييرات.

4- رغم أهمية كل مجال من هذه المجالات، إلا أن أهم هذه المجالات في نظرنا هـو التغيير عـن طريق الأفراد.

مراحل التغيير التنظيمي

إن الدور الذي يساهم به التغيير التنظيمي في تحسين الأداء، شجع الباحثين والدارسين والمـنظمات على دراسة هذه الظاهرة، وبذل الجهود للاستفادة منه، وقـد قـدمت محـاولات كثيرة لتوضيح الكيفيـة التي يتم بها التغيير، إضافة إلى تقديم نماذج وأفكار جديدة في هذا المجال تسهل الاستفادة مـن التغيـير، ومن هذه المحاولات ما قدمه **كيرت ليون** (Kurt Lewin) سنة 1951 في محاولته لتحديد مراحل التغيير التنظيمي، والتي قام العديد من العلماء والممارسين باستخدامها أو تطويرها لكي تناسب ظروفهم، فقـد ساعد نموذج "ليون" في إحداث التغيير بنجاح في الكثير من المنظمات.

ويصف "ليفن" المنظمة من خلال هذا الشكل بأنها عبارة عن نظام في حالة ثبات من خـلال قـوى معادلة أو معارضة، فمن ناحية يوجد مدى من القوى الدافعة الضغوط من أجل التغيير، وهي تضم على سبيل المثال الضغوط التنافسية، انتشار تقنية جديدة، الابتكار والإبداع مـن داخـل المنظمـة، والتشريع الجديد، والاهتمامات البيئية وحقوق العمال، ويعادل هذه القوة الدافعة، حسبما ذكر "ليفن" عـدد مـن القوى المقاومة والتي تضم التقاليد وثقافة المنظمة والمناخ السائد؛ وحيث أن كـل مجموعـة مـن القـوى يمكن أن تلغي كل منها الأخرى، فإن النظام يظل في حالة توازن، والنتيجة الطبيعيـة لهـذا النمـوذج كما يؤكد ليفن أن أية عملية تغيير في المنظمة يمكن اعتبارهـا تحركـا مـؤثراً في الوضـع التـوازني اتجـاه وضع مرغوب أو محدد حديثاً، ويقترح "ليفن" عملية ذات ثلاث مراحل، لتنفيذ التغيير وتبدأ بإذابة الجليد (Dégel) للنظام القائم (الحالي)، وذلك قبل المرور إلى مرحلـة التغيـير (Changement)، ثـم إلى مرحلـة التجميد (Regel) للنظام الجديد.

نموذج "ليفن" لمراحل التغيير التنظيمي

المرحلة الأولى		المرحلة الثانية		المرحلة الثالثة
إذابة الجليد		**التغيير**		**إعادة التجميد**
- إيجاد الشعور بالحاجة إلى التغيير - تقليص مقاومة التغيير.		- تغيير الأفراد - تغيير الأعمال - تغيير البناء التنظيمي - تغيير التقنيات		- تعزيز النتائج - تقييم النتائج - إجراء تعديلات بناءة

أولاً: مرحلة إذابة الجليد (Unfreezing):

تتمثل هذه الخطوة في محاولة إثارة أذهان أفراد وجماعات العمل في المنظمة من عاملين وأقسام ومديرين بضرورة الحاجة للتغيير، والعمل على التخلص من الاتجاهات والقيم والممارسات والسلوكيات التي يمارسها الأفراد داخل التنظيم في الوقت الحالي، ثم العمل على تهيئة الأجواء الملائمة لخلق دوافع جديدة عند الأشخاص لعمل شيء ما، ثم العمل على تقوية الشعور لدى هؤلاء الأشخاص بضرورة استبدال الأنماط السلوكية والقيم والاتجاهات القديمة بأخرى جديدة، وتتضمن هذه العملية دفع الأفراد في المنظمة إلى إدراك أن السلوك أو الإستراتيجية الحالية التي يعملون بمقتضاها لم تعد ملائمة، أو أنها تؤدي إلى تدهور النتائج والأداء، وإشعار العاملين بالأمان اتجاه التغييرات التي قد تحدث مستقبلاً؛ ويتم ذلك بإزالة أي مسببات مقاومة التغيير، وإذا حدث هذا الإدراك لدى الأفراد فإن ذلك يؤهلهم للقبول بضرورة القيام بالتغيير ويسهل تلك العملية، ولتدعيم هذا الإدراك تستخدم بعض المعايير الخاصة بالأداء، والتي تظهر سوء في الأداء مثل انخفاض معدل الربح، أو تقلص حصة المنظمة في السوق.

ومن الممارسات التي يتم استخدامها لإذابة الجليد في هذه المرحلة، الضغط للتخلص من السلوكيات الحالية المتسببة في تدني مستويات الأداء، ثم على الإدارة العمل على إيجاد الدافعية وإيجاد الاستعداد والرغبة لعمل شيء جديد، والتوصل إلى عدم جدوى وفاعلية الأساليب القديمة المطبقة لإنجاز الأعمال، ومن ضمن أساليب تحرير وإذابة الموقف، ما يلي:

1- منع أي مدعمات أو معززات لأنماط السلوك التي تمثل نوعا من المشاكل، وذلك لإظهار أن أنماط السلوك السيئة غير مرغوب فيها.

2- انتقاد التصرفات وأساليب العمل التي تؤدي إلى حدوث مشاكل، وقد يصل الأمر بالانتقاد إلى زرع الإحساس بالذنب، والبخس من القدر أو الحط من القيمة.

3- إشعار العاملين بالأمان تجاه التغيرات التي قد تحدث مستقبلاً، ويتم ذلك بإزالة أي مسببات لمقاومة التغيير.

4- نقل الفرد من القسم أو بيئة العمل التي تشجع أساليب العمل والتصرفات غير المرغوبة، وذلك لكي يشعر بمدى جسامة الموقف، وقد يكون ذلك النقل مؤقتاً إلى أحد الأقسام الأخرى أو إلى دورة تدريبية تدور حول المشكلة المعينة.

5- تغيير بعض الظروف المحيطة بالتصرفات السيئة، فإذا كان التأخر عن العمل والغياب والتوقف عن العمل قبل المواعيد الرسمية، فإن التغييرات التي تشعر العاملين بسوء هذه التصرفات، قد تكون مثل تغيير مواعيد الحضور والانصراف، وعدد ساعات العمل والراحة.

إن تفكيك أو إذابة الموقف تسهل للأفراد القائمين على التغيير التنظيمي التبصر والوعي بوجود مشاكل في العمل تحتاج إلى تغيير أو حل، ولزيادة هذا التبصر والوعي يمكن مقارنة أداء أجزاء المنظمة بعضها ببعض، ودراسة تقارير الرقابة والمتابعة بشكل

جاد، وأيضاً إجراء البحوث الميدانية داخل العمل عن درجة الرضا، وتغيير قيم العمل، وإجراءات العمل والإنتاج.

ثانياً: مرحلة التغيير(Change):

في هذه المرحلة يجب التركيز على ضرورة تعلم الفرد أفكار وأساليب ومهارات عمل جديدة، بحيث يتوفر لدى الأفراد البدائل الجديدة لأداء الأعمال، من خلال ما تقدمه الإدارة لهم، وفي هذه المرحلة أيضاً يتم إجراء تعديل وتغيير في الواجبات والمهام، وكذلك في التقنيات والهياكل التنظيمية الموجودة حالياً، الأمر الذي يتطلب من الإدارة ضرورة العمل على توفير المعلومات ومعارف جديدة وأساليب عمل جديدة للأفراد العاملين للمساهمة في تطوير مهاراتهم وسلوكهم، ومن ثم تحقيق المطلوب، ويكون التغيير في النواحي التنظيمية الهيكلية التالية:

1- **التغيير في أنماط توزيع السلطة:** يتم إعادة النظر في الصلاحيات الممنوحة للمستويات الإدارية المختلفة أو لبعض المسؤولين فيها، وتغيير الارتباطات الإدارية أو نظام التسلسل الإداري المعمول به، وقد تتم عملية إعادة التنظيم لتشمل إلغاء أو استحداث وظائف أو أقسام إدارية، كما يكون هناك تغيير في نمط القيادة، وإعطاء المزيد من المرونة وتوفير فرص التدريب للقيادات الإدارية، وإعادة تصميم الأعمال بشكل يتوافق مع المتطلبات الجديدة للعمل.

2- **التغيير في التكنولوجيا المستخدمة:** قد تشمل تلك التغيرات تغييرات في المعدات أو الأساليب المستخدمة في الإنتاج، وفي العلاقات بين النشاطات المختلفة، وفي تحسين طرق تدفق العمل.

3- **التغيير في العمليات الإدارية:** يشمل إعادة النظر في نمط اتخاذ القارارت وأنماط الاتصالات، كأن يصبح أسلوب اتخاذ القرارات جماعياً من خلال تشكيل اللجان، وقد يشمل تعديل السياسات والإجراءات وتعديل معايير اختيار

العاملين.

وفي هذه المرحلة يحذر "ليفن" من الإقـدام بشـكل مـتسرع في تنفيـذ وإحـداث التغيـير، لأن ذلـك سوف يترتب حدوث مقاومة شديدة له، الأمر الذي يؤدي إلى الارتباك والتشويش وعدم الوضوح، وبالتالي عرقلة مسار التغيير.

ثالثاً: مرحلة إعادة التجميد (التثبيت) (Refreezing):

من اللازم بعد التوصل إلى النتائج والسلوكيات المرغوبة، تجميد ما توصل إليه، أو يمكن القـول أن هذه المرحلة تهتم بصيانة وحماية التغيير الذي تم التوصل إليه، وفي هذه المرحلة يتم التأكد مـن أن مـا تم إكسابه للعاملين من مهارات وأفكار واتجاهات جديـدة في مرحلـة التغيير يتم دمجه في الممارسـات الفعلية، حيث تهدف هذه المرحلة إلى تثبيت التغيير واستقراره، عن طريق مساعدة الأفراد مـن العمـل على دمج الاتجاهات والأفكار وأنماط السلوك التي تم تعلمها في أساليب وطرق عملهـم المعتـادة، وعلـى الإدارة أن تعطي الفرصة الكاملـة للأفراد لإظهـار ممارسـاتهم السـلوكية الجديـدة، وضرورة العمـل علـى تعزيز السلوكيات الإيجابية، حتى يستمر الأفراد في مواصلة هذا السلوك برغبة ورضا.

وللحفاظ على ما تم اكتسابه من عملية التغيير لابد من إتباع الخطوات التالية:

1- المتابعة المستمرة لنتائج تطبيق التغيير التنظيمي، ومقارنة النتائج الفعلية بالنتائج المخططـة والمطلوبة، ومناقشة الانحرافات المحتملة ومحاولة علاجها.

2- توفير سبل اتصالات متفتحة بين المشاركين في التغيير، مع توفير كافة المعلومات المرتبطة به.

3- بناء أنظمة حوافز تشجع الأقسام والأفراد الناجحين والمساهمين في إنجاح عمليات التغيير.

4- إنشاء أنظمة تشجيع الاقتراحات الخاصة بالتطويرات والتغييرات الجديـدة،

وتشجيع السلوك والتصرفات الخاصة بالسلوك الإبداعي والمبادأة والابتكار سواء في العمليات الفنية الوظيفية أو في العمليات الإدارية.

وبهذه المراحل تكون الإدارة قد اتبعت أسلوبا علميا لإدخال التغيير التنظيمي، يتلخص في تحديد الهدف من التغيير، وتحديد أنواع التغييرات المطلوبة، وجمع أكبر قدر من المعلومات ودراستها وتحليلها جيداً، واستشارة الأطراف المعنية من رؤساء ومرؤوسين، والتعرف على اتجاهاتهم وردود الفعل عندهم التي تكون مؤيدة ومساندة أو مقاومة ومعارضة له.

79

الفصل الرابع

الإصلاح الإداري

مفهوم الإصلاح الإداري

يرتبط مفهوم الإصلاح الإداري عادة بتعاريف عديدة وتنوعت هـذه التعاريف، وفقاً لاهتمامـات واختلاف وجهات نظر الكتاب والباحثين، ومداخلهم المختلفة التي بحثوا من خلالها الإصلاح الإداري، وقد أشار العديد من الباحثين العرب في كتابتهم إلى مشكلة الخلـط بـين الإصلاح الإداري ومفاهيم أخـرى، كالتطوير الإداري والتنمية الإدارية، مما ترتب على ذلك عدم دقـة اللغـة المسـتخدمة وزيـادة المشكلات المرتبطة بالدلالة اللغوية.

ويرى حسن أن أحد أسباب الاختلاف في آراء الكتاب والباحثين العرب حول مفهوم الإصلاح الإداري يعود لعوامل عدة، ومنها:

- تعدد الطروحات السياسية والفكرية لمفهوم التنمية.

- الاتجاهات الفكرية والشخصية للدارسين.

- غموض العلاقة بين الإصلاح الإداري والمتغيرات البيئية المختلفة.

مداخل الإصلاح الإداري

1. المدخل الشمولي :

يرى البعض أن استخدام منهج مدخل النظم يمكن الوصول لتحقيق المنهج الشامل للإصلاح الإداري، ومدخل النظم المفتوح " Open System" يعنى بدراسة الظواهر الإدارية في إطار تفاعلها مع البيئة المحيطة بها، فاستمرار عمل التنظيم وفاعليته يعتمد ويتوقف بشكل كبير على استمرار حصوله على المدخلات (البشرية والمادية) من البيئة المحيطة .

والتنظيم باعتباره نظاماً مفتوحاً يتميز بملامح رئيسية (Katz and Kahn)، وهي:

1- المدخلات: حيث يقوم التنظيم بالحصول على موارده البشرية والمادية من البيئة الخارجية المحيطة به، فالتنظيم لا يعمل في فراغ بل يتفاعل مع بيئته من خلال عملية التأثر والتأثير.

2- العمليات: يعمل التنظيم على تحويل الموارد التي يتحصل عليها من البيئة المحيطة إلى خدمات على شكل منتجات وسلع يتم تقديمها للمجتمع.

3- المخرجات: تتضمن قدرة التنظيم على الاستفادة من الموارد التي يتحصل عليها، وتحويلها إلى مخرجات نهائية على هيئة خدمات أفكار سلعلع أو خدمات يحتاجها المجتمع ويستهلكها.

4- التغذية العكسية: تستخدم التغذية العكسية لتصحيح الانحرافات داخل التنظيم لتعديل أي أخطاء وانحرافات عن المسار المطلوب تحقيقه.

وفقاً لمفهوم المنهج الشامل ينظر لعملية الإصلاح الإدارة، كجـزء لا يتجـزأ مـن الأوضاع السياسـية والاقتصادية والاجتماعية، إذ لا يمكن أن يتصور أن يتم تحقيق نجاح كامل لجهود الإصلاح دون أن تكون جزء من استراتيجية شاملة لإصلاح المجتمع، لذا فأنصار المنهج الشامل للإصلاح الإداري ينظرون للجهاز الإداري، كوحدة متكاملة، لا يمكن تجزئته و معالجة مشاكله بأسـلوب وحلـول جزئيـة، لهـذا فالمـدخل الشامل للإصلاح الإداري لا يقبل أسلوب التدرج أو عملية الترميم الجزئية للجهاز الإداري.

2. مدخل الإصلاح الجزئي:

يركز المدخل الجزئي في الإصلاح الإداري على أتباع أساليب جزئية، ومرحلية لمعالجة المشكلات التـي تواجه الجهاز الإداري من خلال التركيز على الهيكل التنظيمية وتبسيط الإجراءات، ويرى أنصار المـنهج الجزئي للإصلاح كعملية ترميم للأجزاء المكونة للجهاز الإداري، وأن الأخذ بمبدأ التدرج سيؤدي إلى إصلاح الجهاز الإداري بشكله الكلي، وغالباً ما تنبع وجهود واستراتيجية الإصلاح في المـدخل الجزئي مـن داخل المنظمة ذاتها في ظل غياب أو ضعف الرقابة للجهات الخارجية، لذلك قد تواجه جهـود الإصلاح لخدمـة مصالح ضيقة تخدم العاملين في المنظمة، كتعديل الهياكل التنظيمية، التوسع أو أضافه وحـدات إداريـة، أو تحسين أوضاع القيادات الإدارية، ويسعى هذا المدخل لتحقيق العديد من الأهداف، ومنها:

- الكشف عن الوضاع الإدارية الحالية والقيام بدراستها وتحليلها.

- تحديد مصادر المشكلات وأسباب التخلف الإداري.

- التعرف على المتغيرات المؤثرة والمسببة للتخلف الإداري.

- اكتشاف وسائل وأساليب الإصلاح والمقارنة بينها، واختيار الأنسب للمعطيات والظروف السائدة.

- المتابعة وتقييم نتائج التغيير.

فالاتجاه التقليدي للإدارة العامة ينظر للجهاز الإداري على أساس التنظيم الهرمي الذي يتسم بنظام محدد، وواضح للعمل يتم من خلاله توزيع السلطات والاختصاصات والتركز على تطبيق الانظمة واللوائح والقوانين، هذا وتوضح تجارب الدول العربية في مجال الإصلاح الإداري التركيز على الإصلاحات الجزئية للمشاكل التي تواجه الأجهزة الحكومية. فجهود الإصلاح تنصب على الأمور ذات الطابع الفنى والإجراءات، وإهمال الجوانب السلوكية، ويرى الزيانى في هذا المقام أن من أسباب فشل خطط الإصلاح في الوطن العربي تعاملها مع المشاكل الإدارية بمعزل عن البيئة المحيطة لها التي تتفاعل مع النظام الإداري وتؤثر فيه وتتأثر به.

ومن خلال العديد من الدراسات والأبحاث يتبين أن عملية الإصلاح الإداري في الدول العربية تعاني من اوجه قصور متباينة أدت إلى عدم تكامل عناصر استراتيجية الإصلاح، ومن بين جوانب القصور والمشكلات التي تعاني استراتيجية الإصلاح الإداري في الدول العربية، يسوق عاشور مايلى:

- الاهتمام بالجوانب الفنية والإجرائية، وإهمال الجوانب السلوكية والبيئية وذلك من خلال التركيز على تطبيق " الأساليب العلمية" للإدارة.
- أن جهود الإصلاح في الدول العربية تركز على بناء الهياكل والأنظمة الرسمية.
- عدم اعتماد أسلوب المشاركة في عملية التطوير والتغيير.
- قصور الاستراتيجية المجتمعية للتنمية السياسية وبطء التطوير الديموقراطي.

وإذا أسلمنا بضرورة تغيير أسلوب الإدارة التقليدي للجهاز الحكومي، فأن السؤال الذي يطرح نفسه، هو ما أسلوب الإصلاح البديل؟ من خلال هذه الورقة سنحاول إلقاء الضوء على مفهوم الإدارة العامة الحديثة "New Public Management" كاطار معاصر للإصلاح الإداري تم تطبيقة في العديد من دول العالم.

الإدارة العامة الحديثة

يعتبر تطور الإدارة العامة الحديثة خلال العشرين سنة الماضية واحد من اكثر الاتجاهات الدولية المعاصرة اللافتة للنظر في الإدارة العامة، فقد هيمنت الإدارة العامة الحديثة على اجندة الإصلاح الإداري في العديد من دول العالم، وقد أوضح Menning أن الإدارة العامة الحديثة قد تم تطبيقها بصورة كاملة في كل من المملكة المتحدة، نيوزلندا، استراليا، هولندا، السويد، والولايات المتحدة الأمريكية وكندا، وقد ظهر هذا النموذج أو الإطار بأسماء مختلفة؛ الإدارة العامة الجديدة (Hood)؛ نموذج ما بعد البيروقراطية (Barzelay)؛ الإدارة العامة بناء على نظام السوق (Lan،and Rosenbloom)؛ واعادة اختراع الحكومة (Osborne and Gaebler)، وبالرغم من اختلاف مسميات الإدارة العامة الحديث، فقد حاول الأكاديميين والباحثين البحث للتعرف على خصائص الإدارة العامة الحديثة، فقد حدد Kernaghan and Charih ثلاثة عناصر للإدارة العامة الحديثة:

1. تغيير في آلية الحكومة.
2. تغيير في أسلوب الإدارة.
3. تقليص دور الدولة.

أولاً: تغيير في آلية الحكومة :

حيث ان الإدارة العامة الحديثة تشمل تغيير في البناء الهيكلي للحكومة، وتتضمن إعادة الهيكلة للأقسام والإدارات، إنشاء وحدات لتقديم الخدمة، اللامركزية في السلطة والمسؤولية من خلال أعطاء الصلاحيات للمستويات الإدارية الدنيا، والفصل بين السياسة وتقديم الخدمات (Hood)، وتنادى الإدارة العامة الحديثة كذلك إلى تغيير الثقافة التنظيمية،تحسين الجودة، الاستجابة للعملاء، وممارسة المشاركة الإدارية، الاتجاه نحو آلية السوق، واستخدام الموارد بأسلوب يتميز بالكفاءة والفاعلية Obsorne and Gaebler.

وقـد اتجهـت العديـد مـن دول العـالم، ومنهـا المملكـة المتحـدة (بـاركر)، كنـدا (Glor) واسـتراليا (Gramberg and Teicher) ونيوزيلنـدة (Pallot) للتركيـز عـلى الاستخدام الكفـؤ والأمثـل للمـدخلات المستخدمة في تقديم الخدمات بما قد يؤدى إلى ترشيد وتقليل النفقات، ففي حالة المملكة المتحدة جـاءت الإصلاحات تحت مسمى "financial Management Initiative" وذلك لرفع مستوى الكفاءة الإدارية.

وفي مجال اللامركزية وإعطاء صلاحيات أكبر للمستويات الإداريـة الـدنيا، اتجهت المملكـة المتحدة لإصلاح أداري يعرف بمسمى برنامج الخطوات التالية "Next Step Program" (James)، وقد بـوشر بتطبيق برنامج الخطوات التالية في عام 1988م، ويهدف لتقليل التحكم المركـزي فيما يتعلق بالرقابة الإدارية والمالية وإعطاء المزيد مـن المسؤوليات والصـلاحيات للعـاملين في المستويات الإداريـة الـدنيا، وفي خطوة أكثر تقدماً في مجال اللامركزية اتجهت المملكة المتحدة، لإنشاء وكـالات تنفيذية وذلك لتحقيـق أهداف محددة.

وفي مجال طبيعة دور الإدارة العامة وعلاقتها بالمواطنين، فقد تبنت العديد من الـدول أشـكالاً معينـة لميثاق المواطن، كميثاق مستخدمى الخدمات في بلجيكا، وميثاق مستخدمي الخدمات العامة في فرنسا، وميثاق جودة الخدمة العامـة في البرتغـال، وميثـاق المـواطن في المملكـة المتحـدة، وتهدف تلـك المواثيـق لتحسين الخدمات العامة بالنسبة للمواطنين وتزويدهم بخيارات متعددة وإمدادهم بالمعلومات المتعلقـة بالخدمات .

ثانياً: التغيير في أسلوب الإدارة :

يشمل التغيير في الإدارة من خلال العناصر التالية:

1) تبنى القطاع العام لممارسـات الإدارة المطبقـة في القطاع الخـاص والتي تتضمن استخدام نمـوذج التميز، إعادة الهندسة، إدارة الجودة الشاملة، القيمة مقابل النقود، قياس الأداء والحوافز، خدمـة العملاء، الربحية، وتقليل العمالة.

2) الانتقال من التحكم في المدخلات الإجراءات والأنظمة بأتجاة قياس المخرجات.

3) تفويض الصلاحيات والسلطات للمستويات الإدارية الدنيا.

4) التركيز على الكفاءة والفاعلية.

5) تفضيل الملكية الخاصة، أسلوب التعاقد للخدمات العامة، وأتباع أسلوب المنافسة لتقديم الخدمات.

ثالثاً: تقليص دور الدولة :

يشمل تقليص دور الدولة وفقاً لمفهوم الإدارة العامة الحديثة الاتجاه نحو التخصيص، برامج تخفيض الميزانية، تشغيل الخدمات بأسلوب تجاري، تخفيف القيود الحكومية على القطاعات الاقتصادية.

وفيا يتعلق بالسمات الخاصة بالإدارة العامة الحديثة، فقد حدد Hood مجموعة من السمات المميزة للإدارة العامة الحديثة:

1- تجزئة فعاليات القطاع العام وتحويلها إلى هيئات عامة.

2- وضع معايير واضحة لقياس الأداء.

3- التركيز على رقابة الأداء.

4- إطلاق حرية المديرين للإدارة.

5- تشجيع المنافسة.

6- تبنى أساليب القطاع الخاص في الإدارة.

7- التأكيد على مزيد من الانضباط في استغلال الموارد.

حيث ان القاعدة الأساسية للإدارة العامة الحديثة ترتكز على تبني نظام السوق، كإطار للعلاقة بـين الإدارة والسياسة، وقد تأثرت الإدارة العامة الحديثة بدرجة كبيرة بنظرية الاختيار العام، ونظرية الأصيل والوكيل، ونظرية تحويل التكلفة الاقتصادية، ويمكن النظر للإدارة العامة الحديثة كنموذج معياري لإدارة القطاع العام وتتضمن العديد من المكونات المترابطـة مـع بعضها، وقد بـرز هـذا النموذج للاستجابة للحقائق الاقتصادية والاجتماعية، والتـي واجهت الحكومـات في مختلـف دول العـالم خلال العقدين الماضيين، ويمكن تلخيص تلك الحقائق فيما يلي:

1- أن القطاع العام يتسم بكبر الحجم وضخامة التكاليف.

2- الحاجة للاستفادة من تكنولوجيا المعلومات لتحسين الكفاءة.

3- الاحتياجات المتزايدة للمواطنين للحصول على خدمة تتميز بالجودة.

4- التحول من الاقتصاد القائم على التخطيط المركزي للاقتصاد الحر القائم على نظام السوق.

وهنالك أيضا مسوغات فكرية وعملية للإدارة العامة الحديثة نشئت مـن خلال الاتجـاه الجديد للخدمة العامة والتي تأثرت بشكل واضح بالأطار المعياري للخدمة العامة، حيث التركيز على قيم الكفاءة والفاعلية، ولكن مع التغييرات المتسارعة التي يمر على القطاع العام، كان لابد من إدخال مفاهيم تتلاءم، وتلك التغيرات، والتي وفقاً (Denhardtand and Denhardtand) لابد أن تتضمن القيم والمعتقدات التالية:

1- خدمة المواطنين وليس العملاء: يجب على الموظفين العموميين ليس فقط الاهتمام، والاستجابة لمطالب العملاء، ولكن الاهتمام بناء علاقة يسودها الثقة والتعاون مع المواطنين.

2- جعل الخدمة العامة الهدف النهائي: يجب أن يسهم المديرين العموميين في بناء وحدة تعاونية مشتركة لخدمة المصلحة العامة، والتي يمكن أن تساهم بناء مصالح ومسؤوليات مشتركة.

3- التفكير بأسلوب إستراتيجي: فالبرامج والأهداف التي تسعى لتحقيق احتياجات المواطنين يمكن تحقيقها، وبطريقة مبتكرة تتميز بالفاعلية من خلال جهد جماعي تعاوني.

4- الخدمة بدل من إدارة الدفة. فالموظفين العموميين لابد أن يقدموا الخدمة للمواطنين، ويحققوا مطالبهم بدلاً من محاولة التحكم وإدارة المجتمع.

5- المساءلة: فالمساءلة ليست مسألة بسيطة، فالموظفين العموميين لا يجب مساءلتهم فقط وفقاً لنظام السوق، ولكن لابد أن يتم مسألتهم طبقاً للأنظمة والقوانين وقيم المجتمع والمعايير المهنية.

6- إعطاء الاهتمام للأفراد وتقديرهم وعدم التركيز فقط على الإنتاجية: فالمنظمات العامة يمكن أن تنجح في تحقيق أهدافها إذا قامت بإدارة مشاريعها من خلال الأسلوب التعاوني والقيادة المشتركة المعتمدة على أسلوب المشاركة وأحترام وتقدير الأفراد.

7- تقدير المواطنين والخدمة العامة وإعطائهم الأولية في الخدمة: ووضع مصالح المواطنين قبل مصالح المستثمر.

وقد تم تطبيق سمات الإدارة العامة الحديثة التي تم التطرق لها في العديد من دول العالم، ونظراً لان العديد من دول العالم تستخدم اجراءات الإصلاح الإداري لاعادة النظر في دورها في المجتمع وعلاقتها مع المواطنين، وقد لخص kettle تلك الإجراءات في ست عناصر جوهرية:

1- الإنتاجية: كيف يمكن للحكومة تقديم خدمات إضافية وبأقل التكاليف المالية؟

2- التسويق: كيف يمكن للحكومة استخدام حوافز وأسلوب السوق، وذلك لاستئصال الأمراض البيروقراطية؟

3- الاتجاه نحو الخدمة: كيف يمكن للحكومة أن تكون على اتصال أفضل بالمواطنين، وذلك لجعل الخدمات العامة أكثر استجابة لمطالبهم؟

4- اللامركزية: كيف يمكن للحكومة أن تجعل البرامج والخدمات العامة أكثر كفاءة من خلال تحويل إدارة تلك الخدمات بأسلوب لامركزي؟

5- السياسة العامة: كيف يمكن للحكومة من تحسين قدراتها في إدارة ومتابعة السياسة العامة؟

6- المساءلة عن النتائج: كيف يمكن للحكومة تحسين قدرتها للوفاء بالتزاماتها؟

تلك الخصائص والسمات تقترح وبشكل واف أن الأتجاة نحو الإدارة العامة الحديثة يركز وبصورة استثنائية على المشاكل التي تتعلق بالتعامل مع الإدارة الحكمانية، فالمحافظة على الإدارة الحكمانية من خلال الإبداع في الإصلاح الإداري، والتي تستلهم أهدافها من أسس ومبادى الإدارة العامة الحديثة تشكل الهدف الأساسي للثورة العالمية في مجال الإدارة العامة، فالإدارة العامة الحديثة تمثل تحولاً في علاقة القطاع الحكومي مع كل من الحكومة والمجتمع بدلاً من أن تكون فقط عملية إصلاح.

الفصل الخامس

القوة والصراع في التنظيمات الإدارية

المفهوم والاهمية

تعتبر موضوع القوة والصراع من المواضيع الشائكة، فلكل منهما امتداداه وتفرعاته ومصادره وآثاره، لا بد من وضع تعريف مستقل لكل منهما قبل عملية البحث بصورة دقيقة في كل موضوع.

فالقوة، كما عرفها الكتاب والمفكرون هي "القدرة أو الطاقة للتأثير في سلوك الافراد الآخرين، أو هي قدرة أحد الأطراف في التغلب على الطرف الآخر لغاية تحقيق بعض الأهداف"، وكذلك يمكن تعريفها بأن القوة هي "القدرة التي يملكها الشخص (أ) للتأثير في سلوك الشخص (ب)، ولهذا فإن الشخص (ب) يقوم بأفعال وأنماط سلوكية لم يمكنه القيام بها دون ذلك التأثير".

وهنا يمكن ملاحظة الأمور التالية في القوة :

1- أن القوة توجد ولكن ليس بالضرورة أن تمارس أو تفرض .

2- أن هناك علاقة اعتمادي بين (أ) و (ب) بحيث تزاد قوة أ على (ب) نتيجة لزيادة اعتمادية (ب) على

(أ).

3- الافتراض القائم بأن يتمتع بدرجة من الحرية أو الاختيار .

مصادر القوة في التنظيم

لا تأتي القوة من فراغ بل لها مصادر، ولو لا هذه المصادر لما ظهرت القوة، ولما شعر بوجودها الناس، ويتفق الباحثون على أن هناك ثلاثة مصادر للقوة هي:

1- المركز الوظيفي .

2- الصفات الشخصية .

3- الحصول او السيطرة على مصادر المعلومات .

أولاً: المركز الوظيفي :

فالفرد العامل في المنظمات الإدارية يستمد قوته من وظيفته في المنظمة، فهناك وظائف تتمتع بمركزية كبيرة تعطي شاغرها قوة تأثير على غيره من الناس.

ثانياً: الصفات الشخصية :

ان هذه القوة تعتمد على قدرات الفرد في تطوير علاقاته مع الآخرين داخل التنظيم بشكل يعطيه قوة للتأثير على سلوكهم، وهناك من يتمتع بقوة نتيجة للخبرة أو للمعرفة في مجال عمله، بالإضافة إلى تمتع بعض الأفراد بخصائص شخصية تؤدي إلى التأثير على سلوك الآخرين.

ثالثاً: القوة الناتجة عن السيطرة على مصادر المعلومات :

تعتبر عمليات الوصول إلى مصادر المعلومات من العوامل المؤثرة على سلوك الأفراد أو المنظمات، وهناك من يرى أن للقوة مصادر منها:

1) المركز الوظيفي .

2) قوة الشخصية .

3) الخبرة .

4) اغتنام الفرص في الوقت المناسب والمكان المناسب.

مصادر القوة

1. المركز الوظيفي .

2. الصفات الشخصية .

3. الخبرة .

4. الفرص .

كما يلاحظ أن من الممكن ظهور القوة، ومن ثم استخدامها بشكل يترتب عليه ظهور الصراعات أو النزاعات التنظيمية، مما يؤدي إلى ظهور المشكلات في الجوانب التالية :

1- عندما لا يكون هناك توافق وانسجام بين أهداف المنظمة الإدارية وأهداف الأفراد العاملين .

2- إذا كان البناء التنظيمي للمنظمة الإدارية ضعيفاً وليس قائماً على استخدام المنهجية العلمية .

3- إذا لم يكن هناك شبه موافقة إجماعية على أساليب العمل وأساليب الرقابة المعمول بها .

القوة والتنظيمات الإدارية، مناهج القوة

يوجد مداخل أو مناهج يمكن النظر من خلالها إلى مفهوم القوة في التنظيمات الإدارية تساعد على زيادة فهم ومعرفة أبعاد القوة، لأن أسلوب ممارسة أو تطبيق القوة يعتمد على نوعية وتركيبة القوى البشرية وكذلك البناء التنظيمي، ولا بد من معرفة

المداخل التي تساعد على إعطاء تفسيرات ولو جزئية لمفهوم القوة، ومن هذه المداخل :

1) المداخل الإجتماعي أو البنائي : يشير هذا المدخل إلى أن القوة هي ذلك المنهج الذي يشمل الدرجة أو المستوى الذي يستطيع الفرد أو الوحدة الإدارية عنده أن يتحكم بالعوامل الأساسية في البيئة الخارجية للمنظمة الإدارية، تلك العوامل التي تعتبر من العوامل الرئيسية في نجاح المنظمة في الوصول إلى أهدافها .

2) المنهج النفسي : يعطي هذا المنهج ورواده وصفا لأنواع من القوة المستخدمة في منظمات الأعمال تتمثل في القوة الشرعية، وقوة الإكراه، والقوة المرجعية، وقوة التحكم، وقوة الخبرة أو المعرفة .

وتستطيع بعض المنظمات أن تفرض على أعضائها اعتماد منهج سلوكي معين كان تستخدم قوة الإكراه أو الإجبار، كذلك يمكن أن تستخدم القوة النفعية أي عدم إعطاء الفرد أي مكافأة ما لم يقدم ما هو مطلوب منه، وهذا الأسلوب هو المتبع في معظم المنظمات الإدارية، ويلاحظ أن النتيجة المتوقعة باستخدام قوة الإكراه تنطوي على سلوك عدواني من الافراد تجاه المنظمة التي يعمل فيها، ولكن حالة استخدام القوة النفعية يكون لدى الأفراد عمليات حسابية تعتمد أساساً على ما سيحصل عليه الفرد، نتيجة لمشاركته في العمل داخل المنظمة الإدارية .

ويجب على المديرين في حالة قيامهم باتخاذ قرارات إدارية مراعاة مدى انسجام هذه القرارات مع طبيعة المنظمات والعاملين فيها، فالمدير في القطاع الخاص يتجنب استخدام القوة بالإكراه خوفاً من ردود فعل الأفراد العاملين .

كذلك يمارس الأفراد العاملون في التنظيمات قدراً كبير من القوة في بعض المواقف التنظيمية، فأحياناً يلجأ العاملون في المنظمات إلى تخفيض انتاجيتهم عن المعدل المطلوب نتيجة لعدم ثقتهم في الإدارة، وإذا خرج أحد العاملين عن هذه القاعدة السلوكية، فإن

بقية الأفراد تبدأ بممارسة أنماط سلوكية سلبية تجاه ذلك الفرد، وأيضاً يمارسون المرؤوسون القوة في المواقف التي يملكون فيها معرفة عملية حول كيفية عمل المنظمة الإدارية أو في المواقف التي يعتمد فيها الرؤساء على المرؤوسين للقيام ببعض الأعمال الخارجة عن مجالهم والوظيفي، وخلاصة القول أن المرؤوسين لا يملكون القوة فقط بل يمارسونها بطرق متعددة داخل بيئات عملهم .

درجات القوة

حيث انه من الأمور الطبيعية لاستمرار حياة الأفراد والمنظمات أن يسعى كل منهما للحصول على القوة، ولكن عملية الحصول على القوة تواجهها بعض الصعوبات التي يصعب تحديد العوامل المساعدة في زيادة القوة بناء عليها، ولمعرفة هذه العوامل المساعدة لا بد من دراسة وتحليل ما قدمه **Arnold** عام 1968م بخصوص مفهوم القوة الذي أطلق عليه ما يعرف بالشكل البياني للرقابة **The control Graph**، حيث يساعد هذا الشكل على تحديد القوة في كثير من منظمات العمل، وهنا يلاحظ قوة وتأثير كل مستوى إداري داخل التنظيم على السلطة .

ويلاحظ في هذا الشكل أن المراكز المتمثلة بالإدارة العليا والمكاتب الرئيسية، وكذلك مجالس الإدارة تتمتع بقدر ليس بالبسيط من القوة، وينظر كذلك إلى رئيس القسم أو الوحدة على أنه يتمتع بدرجة كبيرة من القوة، وهكذا يقل تمتع الوحدة بالقوة كلما اتجهنا إلى أسفل الهرم التنظيمي في المنظمة الإدارية .

ويشير الرسم البياني إلى أن الدوائر أو الوحدات قدراً كبيراً من القوة إذا كانت تتمتع بموقع استراتيجي قريب من تدفق العمل أو تتابعه، وبناء على ما سبق يمكن معرفة المحددات التالية للقوة داخل المنظمة :

1- إذا كان العمل الذي تقوم به إحدى الوحدات ذا تخصص دقيق لدرجة يصعب أن تقوم به، وحدة إدارية أخرى فهنا يلاحظ ان للوحدة قوة إدارية

كبيرة تميزها عن غيرها.

2- الترابطات، أي إذا كانت مخرجات عمل إحدى الوحدات الإدارية تدخل بصورة رئيسية في عمل وحدة إدارية أخرى .

3- سرعة العمل، أي إذا كانت سرعة عمل إحدى الوحدات الإدارية، ضرورية لإستمرارية العمل الكلي، فإن هذه الوحدة تمارس قوة إدارية على بقية الوحدات الأخرى .

أساليب استخدام القوة (استراتيجيات القوة)

هي تلك الاساليب والأدوات التي يمارسها المديرون على المرؤوسين، لتحقيق الأهداف التنظيمية، وتتضمن هذه الاستراتيجيات :

الاستراتيجيات/ الأساليب المستخدمة في ممارسة القوة.

الاكثر استخداماً

1- التبرير.

2- التحالف.

3- التودد.

4- المساومة.

5- التعزيز.

6- السلطة الأعلى.

الاقل أستخداماً

كما يلاحظ فإن هذه الأساليب أو الاستراتيجيات تتراوح من الأساليب الاكثر استخداماً إلى الأقل استخداماً من قبل الإدارات، وبناء على ما سبق فإن أساليب التبرير

والتحالف والتودد هي من أكثر الأساليب استخداماً في ممارسة القوة .

ويقصد بالتبرير إظهار الحقائق والمعلومات لإضفاء المنطقية على ما يتم عرضه، أما التحالف فهو محاولات الأفراد أو الوحدات الحصول على دعم الآخرين لغايات تحقيق الأهداف، أم التودد فهو إظهار الليونة وإظهار الصداقة قبل إصدار الأوامر، وأما المساومة فهي استخدامات التفاوض لتبادل المنافع، وأما التعزيز، فهو استخدام المكافأة أو الطلب مباشرة من الأفراد للقيام ببعض الأعمال التي سبق أن تم طلبها.

ويلاحظ من خلال الاستخدامات لهذه الاستراتيجيات، أن المديرين لا يلجئون إلى استخدام إستراتيجية العقوبات أو المكافآت بصورة متكررة مكون هذين الأسلوبين خارج ناطق سلطاتهم في بعض المواقف أو الأوقات .

مفهوم الصراع التنظيمي

يعتبر الصراع إحدى الظواهر الطبيعية الموجودة في حياتنا أفرادا ومؤسسات، وهو أمر حتمى، لأن الثبات والإستقرار بصورة مستمرة بكاد يكون من الأمور المستحيلة، فالتغير مستمر ودائم في كل شيء، وهذا ما يفسر وجود الصراع في التنظيمات كظاهرة طبيعية مما استدعى كثيرين من الكتاب وعلماء الإدارة والخبراء إلى تناول هذه الظاهرة بالدراسة والتحليل والبحث، حيث أشار معظم هؤلاء الكتاب إلى ان وجود الصراع عند مستوى معين يعتبر حافزاً، ويعتبر أيضاً أحد مصادر القوة لرفع الأداء الوظيفي للأفراد والجماعات، ولكن وصول الصراع إلى مستوى عال قد تترتب عليه آثار سلبية أكثر منها إيجابية.

إن أي منظمة إدارية لا يمكن أن يكتب لها البقاء والاستمرار في حالة السكون الدائم، حتى وإن كانت تعمل ضمن خطط مدروسة ومتعارف عليها، فهناك تفاعلات بين المنظمات وبين بيئاتها الخارجية والداخلية الأمر الذي يترتب عليه تغييرات مختلفة، وعلى المستويات كافة، وسبب ذلك هو وجود ظروف اقتصادية واجتماعية متغيرة

باستمرار في البيئة الخارجية، وبشكل يؤدي إلى حدوث تغيرات مستمرة في المنظمة الإدارية .

لذلك يمكن اعتبار المنظمة الإدارية ، نسقا اجتماعيا محددا يسعى إلى العمل لتحقيق أهداف مرسومة ويوجد لهذا النسق الاجتماعي عناصر ومدخلات تعمل للمحافظة على توازنه واستقراره واستمراره، ويوجد في المقابل عناصر تثير الصراع بين عناصر هذه النسق ومدخلاته الأمر الذي يتطلب من الإدارة ضرورة العمل على استخدام استراتيجيات تساعد على التخفيف من حدة وآثار هذا الصراع، وبناء عليه نستطيع تعريف الصراع التنظيمي بأنه أحد الأشكال الرئيسية للتفاعل، طالما استهدف تحقيق الوحدة بين الجماعات، حتى وإن تم ذلك من خلال القضاء على أحد أطراف الصراع .

ولمفهوم استخدام الصراع التنظيمي في العلوم السلوكية معان عديدة تتمثل بما يلي:

1- إن الاختلاف في المستويات الإدراكية لدى الأفراد، يؤدي إلى ظهور الصراع في المواقف والأمور التي تواجهها المنظمات وإفرادها .

2- هناك إشارة إلى أن الصراع يظهر بسبب التفاعل بين ظروف البيئة وعناصرها وبين المنظمات، حيث تخلق ندرة الموارد المطلوبة للعمليات الإنتاجية صعوبات كبيرة تواجهها الإدارة فيما يتعلق بكيفية الحصول على هذه الموارد اللازمة .

3- هناك افتراض بأن الصراع داخل المنظمات يتكون بسبب مواقف مؤثرة وظواهر محددة في المنظمة، كشعور الأفراد أو إحساسهم بحالات التوتر والقلق والتعب والخصومة .

4- إن التناقضات في سلوكيات الأفراد داخل بيئات العمل، وما يترتب عليها من مقاومة عالية إلى مقاومة منخفضة تؤدي إلى ظهور الصراعات التنظيمية .

مراحل تطور الصراع التنظيمي

اختلفت وجهات النظر والآراء حول تحديد مفهوم الصراع التنظيمي عبر المراحل التاريخية للفكر الإداري، فالفكر الإداري التقليدي يرى أن تجنب الصراع في المنظمات الإدارية أمر ضروري، بينما يرى أصحاب ورواد الفكر السلوكي أن الصراع داخل المنظمات الإدارية أمر طبيعي فيرون أن الصراع ضروري، ومهم لإنجاز الأعمال بفعالية:

أولاً : المرحلة التقليدية :

حيث تتطابق المفاهيم المتضمنة في هذه المرحلة حول الصراع مع الإتجاه الذي كان سائداً عن السلوك في الفترة 1930-1940 بسبب ما قدمه هوثرون من تجارب، أشار بها إلى أن الصراع ناتج عن الإتصال الضعيف بين الأفراد في بيئات العمل، وعن عدم قدرة الإدارة على اشباع حاجات الافراد وتحقيق أهدافهم، فالنظر للصراع خلال هذه المرحلة سلبية على أساس أن الصراع شيء سلبي يرتبط بالرعب والخوف والعقاب.

ثانياً : مرحلة الفكر السلوكي :

يكون التوجه في هذه المرحلة يكون مطابقاً لما قدمته مدرسة العلاقات الإنسانية حول مفهومها للسلوك وكذلك الصراع، حيث اعتبرت ان للصراع فوائد كبيرة تعود على التنظيم.

ثالثاً : المدرسة التفاعلية :

تتضمن افكار هذه المرحلة قبول الصراع، فهي تدعو إلى تشجيع المديرين على خلق جو مقبول من الصراعات داخل المنظمات العمل كوسيلة لزيادة الكفاءة والمهارة والتجديد، وذلك لأن قدرة إدارة على تفهم الصراع وتحويله إلى صراع إيجابي تترتب عليها الكفاءة والفعالية والتجديد باستمرار، ولكن إذا لم تستطيع الإدارة، وكذلك الأفراد فهم الصراع وكيفية التعامل معه، فسوف يترتب على ذلك تحول هذا المفهوم إلى مفهوم

سلبي، ولهذا يمكن القول أن هناك مفهومين للصراع الإيجابي والسلبي .

ويترتب على كل مفهوم أثار معينة، حيث تتمثل أثار المفهوم الإيجابي بما يلي :

1- يساعد على اختيار البديل الأفضل للمنظمة الإدارية، وكذلك للأفراد العاملين .

2- مشاركة بناءة من الأفراد كافة في العمليات التنظيمية .

3- يساعد على تنمية المهارات والافكار، وكذلك الابداع .

أما آثار المفهوم السلبي فتتمثل بما يلي :

1- إن عدم رغبة الإدارة في معرفة وسماع وجهات نظر الأفراد العاملين، ستنعكس بآثار سلبية على عملهم وابداعاتهم .

2- يقلل من عامل الإنتماء للمنظمة الإدارية، ومن ثم يسعى كل فرد إلى تحقيق الأهداف الخاصة به .

3- في حالة ظهور بوادر الصراع، يجب على الإدارة الإسراع لإيجاد الحلول له خوفاً من انتشاره إلى **مستويات التنظيم كافة** .

مستويات الصراع التنظيمي

لقد ميز الباحثون بين عدة أنواع من الصراع التنظيمي هي :

1- **الصراع التنظيمي على المستوى الفردي :**

يتكون هذا النوع من الصراعات عندما لا يستطيع فردان أو أكثر التوصل إلى اتفاق حول هدف أو موضوع ما .

99

2- **الصراع التنظيمي على المستوى الجماعي :**

يحدث عندما يواجه الفرد موقفاً يتطلب منه اختيار بـديل مـن بـين عـدة بـدائل أو تـرك البـدائل الأخرى، لعدم قدرته على تحقيقها .

3- **الصراع التنظيمي على المستوى التنظيمي :**

يظهر هذا النوع من الصراعات في حالة وجود اختلاف في وجهـات النظـر أو في حالـة الوصـول إلى استنتاجات مختلفة بين الافراد حول موضوع ما داخل المجموعة أو الوحدة الإدارية .

4- **الصراع بين الجماعات :**

يكاد يظهر هذا النوع، كسابقة عندما يكون هناك اختلاف بين افراد التنظيم في الآراء والأهـداف أو في اليات العمل .

5- **الصراع على مستوى المنظمة :**

يأخذ هذا النوع من الصراعات احد الاشكال التالية :

1) الصراع الأفقي : Vertical Conflict يحدث بـين العـاملين أو الـدوائر مـن المسـتوى التنظيمـي نفسه .

2) الصراع العمـودي : Horizontal Conflict ويحـدث بـين المشـرف وتابعيـه في العمـل الـذين لا يتفقون على الطريقة المناسبة لتحقيق الاهداف .

3) الصراع بين الموظفين والاستشاريين : Line/staff Conflict يحـدث بـين المـوظفين والاستشاريين حول الموارد أو المشاركة في اتخاذ القرارات .

4) صراع الدور : Role Conflict يحدث هذا الصراع نتيجة تأدية الشخص ادوارا متعـدة في مجـال عمله.

5) الصراع بين المنظمات : يظهر هذا الصراع في حالة قيام أحدى المنظمات بإيجاد ظروف وصعوبات ومعوقات لمنظمة أخرى فيما يتعلق بالإنتاج، أو التسويق، أو الموردين.

ففي حالة الصراع على مستوى الفرد داخل التنظيم، يلجأ معظم الافراد الذين يواجهون ذلك إلى استخدام الوسائل التالية لمواجهة الصراع، ويطلق على هذا الوسائل الوسائل الإيجابية، وهي :

1.التعويض : هنا يحاول الفرد أن يعوض النقص في قدراته ومهاراته من مجال إلى مجال آخر .

2.السمو : يقوم الفرد بتغيير دوافعة السلبية إلى دوافع إيجابية، كأن ينعكس ذلك على زيادة في العمل.

أما الوسائل السلبية لمواجهة الصراع التي يطورها عادة الأفراد، فتتمثل بما يلي :

1.الانسحاب : أي تجنب كل مصادر الصراع داخل المنظمة .

2.الإسقاط : أي إلقاء اللوم على غيره من الأفراد .

أما الصراع على مستوى التنظيم، فيقسم إلى قسمين :

1- صراع مؤسسي : ويظهر هذا الصراع عند محاولة أحد الأقسام أو الوحدات الإدارية داخل الهيكل التنظيمي تحديد الواجبات والانشطة للوحدات الأخرى، مثل الصراع حول اقتسام الميزانية بين الوحدات الإدارية .

2- صراع طارئ : يحدث نتيجة لعدم وجود الرضا الوظيفي أحياناً أو للإفتقار للمعايير الموضوعية في توزيع الموارد البشرية، كأن يتولد شعور لدى احد المرؤوسين ان لديه إلماماً، ومعرفة بالأمور أكثر من غيره أو أكثر من رئيسه أو مشرفة .

الصراع الوظيفي والصراع غير الوظيفي

ينتج الصراع الوظيفي عند تطابق الأهداف لطرفين داخل التنظيم أو على مستوى المنظمات، وذلك بهدف تحسين الأداء الوظيفي وتطويره، حيث يكون لمجموعات العمل المتجانسة بأفكارها قـدرة أكـبر على تقديم حلول ومقترحات فعالة وإبداعية، أما الصراع غير الوظيفي فهو نتيجـة للتفاعـل بـين طرفين مختلفين في الأهداف والحلول بشكل يترتب عليه تخريب وعرقلة نجاح المنظمة في تحقيق أهدافها .

ويلاحظ أن الصراع التنظيمي يمر بمرحلـة معقـدة تتـداخل فيهـا مفاهيم كثيرة منها الصراع ذاتـه والمنافسة والتعاون ونكران الذات، ويمـر صراع السـلوك الـوظيفي بمرحلـة مـن التفاعـلات بـين النقطة أ والنقطة ث، ويمكن تحديد أربعة من التفاعلات التي تدخل هنا في تشكيل السلوكي الوظيفي، وتتراوح ما بين الاهتمام بالذات والاهتمام بالآخرين :

أ-   **نكران الذات :**

أي قيام الفرد بصورة مستمرة بتقديم المساعدة للآخرين دون الانتظار للحصول عـلى مكافـأة، فهـو دائماً يقدم المساعدة على حسـاب مصلحته الشخصية، أن وتمتع الفرد بهـذه الخاصية يكون لأسباب وظروف بيئية وشخصية تساهم في خلق الاستجابة لمساعدة الآخرين (الاهتمام بمصالح الآخرين).

ب- **التعاون :**

أي العمل في اتجاه واحد لكي يعود بالمنفعة على الطرفين .

ت- **المنافسة :**

يظهر هذا الخط من التفاعل عندما يكون هناك تنافس بين فردين أو مجموعتين عـن رغبـة مـنهما في انجاز هدف ما، أو نتيجة للتنافس على بعض الموارد، ويغلب التصرف بسـلوك يتصـف بالمقاومـة تارة والتعاون تارة أخرى .

ث- الاختلاف :

ينتج عن عدم مطابقة الأهداف للطرفين، ويغلب التصرف هنا بسلوك يتصف بالمقاومة والاعتراض، حيث يكون كلا الطرفين مجبرا على دخول الصراع (الاهتمام بالمصالح الخاصة) .

مصادر الصراع التنظيمي

هناك عوامل عديدة لها دور كبيرة في ظهور الصراع التنظيمي داخل المنظمة الإدارية، كأن يكون الصراع بين فرد وفرد أو جماعة وجماعة أو بين اقسام متعددة ، ولكل حالة من هذه الحالات أسباب خاصة بها، أما أسباب الصراعات التنظيمية فهي :

1- معوقات، مشكلات الاتصالات الإدارية :

يلاحظ أن معظم المشكلات التي تسبب الصراعات داخل المنظمات الإدارية تعود إلى سوء الفهم أو عدم وضوح خطوط الاتصال وقنواته، حيث اشارت الأبحاث العلمية إلى صحة ذلك لأن عدم وجود اتصالات مستمرة وبأكثر من اتجاه يترتب عليه ضعف الروح المعنوية، وانعزالية الأفراد وعدم مشاركتهم في اتخاذ القرار الإداري السليم، فالاتصال والفعال يساعد على التقليل من هذه المخاطر، ويجنب المنظمات الإدارية ما قد يترتب من نتائج سلبية، لذلك فإن التعرف على مقومات الاتصال الجيد يترتب عليه رفع كفاءة كل من الاتصال والأداء والفعالية للوصول إلى الأهداف المطلوبة، ومن أهم المشكلات التي تواجه عمليات الاتصال الإداري، الفروقات بين الأفراد كأن يختلف الأفراد في مستوى إدراكهم لعملية الاتصال نتيجة لفاروق المستوى العملي أو الثقافي أو المعرفي، أو قد يختلف الأفراد باختلاف اتجاهاتهم، ويتضمن الاتجاهات الأشكال السلوكية التالية الانطواء، وحبس المعلومات، والمبالغة في تخطي خطوط السلطة وما إلى ذلك من سلوكيات غير موزونة يترتب عليها مشكلات تؤثر على الأداء الوظيفي، وعلى كفاءة انظمة الاتصالات، أو قد يكون هناك قصور في المهارات الإدارية أثناء القيام بعمليات الاتصال .

2- **معوقات التنظيم أو المشكلات التي يسببها البناء التنظيمي :**

تتمثل هذه المعوقات او المشكلات بوجود هياكل تنظيمية ضعيفة أو عدم وجود هذه الهياكل، مما يترتب عليه عدم وضوح الاختصاص والواجبات والمسؤوليات المعطاء لكل وظيفة، ومن هذه المعوقات ما يحدث عادة بين وحدات الاستشارة ووحدات التنفيذ، أو ما يظهر نتيجة لعدم وجود إدارة للمعلومات، وبالتالي التأكد عند اتخاذها لقراراتها الإدارية .

3- **معوقات أو مشكلات تسببها البيئة :**

تظهر هذه المعوقات في البيئة الداخلية والخارجية، وتتمثل في اللغة المستعملة ومدلولات الألفاظ، أو الضعف في أجهزة الاتصال المستعملة، أو نتيجة للبعد عن المنهج العلمي في العمل، او عدم وجود مناخ عمل صحي، الأمر الذي يترتب عليه التصرف بطريقة عشوائية وتدني الانتاجية وزيادة التكاليف .

إن هذه المعوقات يترتب عليها ظهور الصراع داخل التنظيم، وهنا يمكن ملاحظة ظهور خمس مراحل تساعد على إحداث الصراع التنظيمي هي :

1) **الظروف** : كان يكون السبب في ظهور الصراع هو سوء الاتصالات أو عدم كفاءة الهيكل التنظيمي .

2) **إدارة الصراع** : كان يقوم الإداريون بإدراك الصراع وفقاً لمفهومهم ومعرفتهم.

3) **ترجمة الصراع** : كأن يقوم الأفراد بترجمة الصراع على شكل منافسات أو تحالفات.

كما ان نتائج الصراع قد تكون إيجابية أو سلبية، وهنا على الإدارة دراسة وتحليل البيئة الداخلية بهدف التعرف والوقوف على ما قد يظهر من صراعات، ومن ثم ايجاد الحلول المناسبة لها، وقد يساعد استخدام بعض الألفاظ أو الكلمات على التخفيف من حدة

الصراع أو زيادته، ويوضح الجدول التالي بعض هذه الكلمات او الألفاظ المساعدة على زيادة حدة الصراع، أو الهادفة إلى تخفيضة أو حلة .

الألفاظ أو الكلمات على التخفيف من حدة الصراع أو زيادته

اللغة التي تساعد على زيادة حدة الصراع داخل بيئات الأعمال	اللغة التي تساعد على تخفيض أو حل الصراع داخل بيئات العمل
1- أنت	1- أنا
2- كان أداؤك ضعيفاً	2- كان الأداء أقل من 10% عن مستوى الأداء المطلوب .
3- انت على خطأ	3- كيف نجد حلا يرضي كلينا
4- انت قلت، فعلت	----------------------------
5- تجعلني اظهر كإنسان احمق	----------------------------

ويمكن استخدام بعض النماذج للمساعدة في فهم ومعرفة الصراع التنظيمي، كأن يتم استخدام نموذج نافذة جوهاري الذي تم تطويره من قبل جوزيف لفت وهاري انجهام، حيث يساعد هذا النموذج على فهم وتفسير بعض أنواع الصراع، كالصراع بين الفرد والآخرين، كما هو موضح في الشكل التالي:

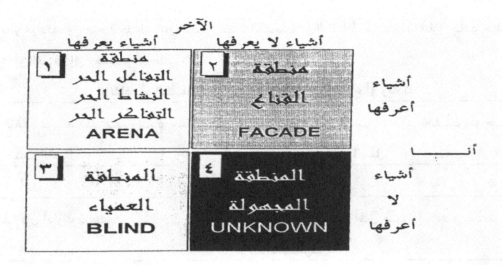

هنا يظهر هذه النموذج نوعين من المعلومات، معلومات متوافرة عن الفرد، ومعلومات عـن الآخرين، وهنا يعكس كل رقم مزيجاً من المعلومات التي لها أهمية خاصة في عملية التفاعـل بـين شخص وآخر، فمنطقة 1 وهي منطقة تظهر (التبـادل والتفاعـل الحـر والمشـترك) في الإدراك تمثل السلوك والمشاعر المعروفة لدى الشخص وكذلك المعروفة لـدى الآخـرين، وفي هـذه الحالـة يكـون هناك مصدر ضعيف لظهور الصراع، أمـا المنطقـة رقـم 2 وهـي (القناع) فإن المشاعر والسلوك وكذلك الأفكار تكون معروفة للفرد فقط وغير معروفة للآخرين، فالشخص في هذه المنطقة يحاول إخفاء المعلومات عن الآخرين خوفاً من ردود الفعل، وهنا يبقى الشخص غير معروف للآخرين، وهذا الموقف يترتب عليه ظهور الصراع، أما المنطقة رقم 3 (العمياء)، فتتضمن المشاعر والافكار والسلوك المعروفة للآخرين وغير المعروفة للشخص نفسه وفي هـذه الحالـة يصبح الفرد نتيجـة لسوء تصرفاته مصدر إزعاج ومصدر لظهور الصراع، اما المنطقـة رقـم 4 (المجهولة)، فتتضـمن

الافكار والسلوك والمشاعر غير المعروفة لكل من الشخص، وكذلك الافراد الآخرين، وهي بـذلك إنمـا تعكس المشاعر المكبوته، وهنا يظهر الصراع نتيجة لعدم التفاهم بين الشخص والافراد الآخرين .

وتمر عملية الصراع بمراحل عدة تتمثل في :

1- مرحلة الصراع الكامن : هنا لا يترتب أي إدراك أو فهم أو إحساس بظهور الصراع، ولكن تظهر بعض الحالات التي تؤثر على علاقة بعض الأطراف مثل التنافس على المـوارد المحـدودة، والحاجـة إلى الاستقلالية، وتشعب الأهداف .

2- مرحلة إدراك الصراع: هنا يتم إدراك الصراع دون أن يكون هناك حالات سابقة، كأن يسئ طرف فهم او استيعاب الطرف الآخر.

3- مرحلة الشعور بالصراع : في هذه المرحلة قد يكون هناك إدراك لـلصراع، ولكـن دون أن يكـون هناك شعور لدى المدير بأن هناك حالات قلق وتوتر .

4- مرحلة إظهار الصراع : هنا يمكن ملاحظة أن السلوك الصادر عـن كـل طـرف يـدل عـلى ظهـور مشكل متصارع عليها .

5- مرحلة ما بعد الصراع : إذا كانت هناك حلول للصراع ترضي الطرفين فإن مـن المتوقـع أن يكـون هناك تعاون ومودة بين الأطراف، سواء كانوا افراداً أم جماعات أم مـنظمات، ولكـن إذا لم يكـن هناك حل أو حلول فإن المشاعر سوف تبقى كامنة، وسوف تتفاقم وتزداد، وسوف تنفجر في أي لحظة .

إدارة الصراع التنظيمي في بيئات العمل

وفي حالـة ظهـور الصراع الفـردي داخـل بيئـات العمـل يجـب عـلى الإدارة اتبـاع إستراتيجية معينة، لتخفيف حدة الصراع بشكل يؤدي إلى تقليل الخسارة المترتبة على هذا

الموقـف، وتلجـأ الإدارة في حالـة حـدوث هـذا النـوع مـن الصراع إلى اسـتخدام أحـد الأسـاليب أو الاستراتيجيات التالية :

1- الانسحاب .

2- التهدئة .

3- الحلول الوسط .

4- الإجبار .

5- المواجهة .

1) الانسحاب :

هو ترك المدير لبعض واجبات العمل لفترة قصيرة، كأن يقوم بتأجيل الإجابة على مذكرة أو الغياب عن حضور أحد اللقاءات، وعلى الرغم من سلبية هذا الإسلوب إلا أنه يسـتخدم في حالـة كـون مشكلة الصراع ضئيلة ولا تحتاج إلى وقت كبير، أو كـون المـدير لا يتمتع بشخصية أو حضـور كبـير يـؤدي إلى حدوث تغيير في الموقف، أو أن يكون هناك من يستطيع وضع حلول في حالة غياب المدير.

2) التهدئة :

هو تدخل الإدارة وعلى رأسها المدير عن طريق اتباع استراتيجية سلوكية، تتمثل في أن الصراع سوف يتلاشى تدريجياً، مع الدعوة إلى ضرورة التعاون بين الأطراف وتقـدير عواقب هـذا الصراع عـلى المنظمـة الإدارية .

3) حلول الوسط :

أي اختيار المدير لبديل يرضي الطرفين، ولا يترتب عليه خسارة أي طرف.

4) الإجبار :

هو لجوء الإدارة إلى استخدام القوة القانونية في حل النـزاع بين الأطراف، إلا أن هـذا الاسلوب لا يفضل استخدامه في كل الحالات بل في مواقف وحالات طارئه .

5) المواجهة :

الاعتراف صراحة بوجود صراع تنظيمي، ومن ثم لجوء الإدارة إلى استخدام النهج العلمي والتقيـيم، ودراسة البدائل للوصول إلى حلول تكون مقبولة لدى كل الاطراف.

ولكـن في حالـة حـدوث الصراعـات بـين المجموعـات فإنـه يـتم اسـتخدام اسـتراتيجيات وأدوات تسـتخدمها الإدارة تختلـف عـما تـم اسـتخدامه في مواجهـة الصراعـات عـلى المسـتوى الفـردي، وتتخـذ الصراعات بين المجموعات داخل التنظيم أحد الاشكال التالية :

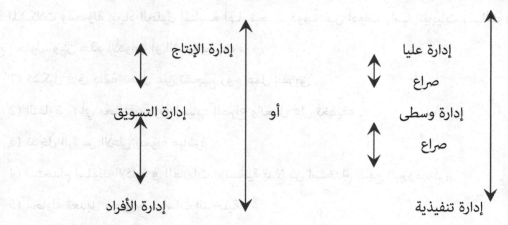

فقد يحدث الصراع بين الإدارة العليا والإدارة الوسطى، أو الإدارة العليا والإدارة التنفيذيـة، او بـين الوسطى والإدارة التنفيذية، أو قـد بـين إدارة الإنتاج والتسويق وإدارة الأفراد، وقـد يمتـد ليشـمل كـل المستويات الإدارية داخل المنظمة، وقد يمتد الصراع أيضا إلى الوظائف، فيحدث بين الإدارة العليا والإدارة الاستشارية .

109

إدارة عليا ⟷ إدارة استشارية

او قد يكون بين التنظيم الرسمي والتنظيم غير الرسمي

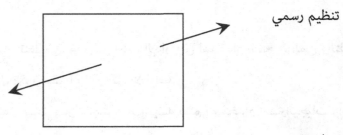

تنظيم رسمي

تنظيم غير رسمي

ان الإدارة الحريصة التي تسعى إلى دراسة وتحليل المناخ التنظيمي بصورة مستمرة للتعرف على هذه المشكلات ومحاولة ايجاد الحلول المناسبة لها، تبحث دوماً عن أدوات واستراتيجيات تساعد في وضع الحلول، ومن هذه الأدوات أو الاستراتيجيات :

1) تشكيل فرق دائمة تعمل على تشجيع روح عمل الفريق .

2) التفاوض : أي محاولة معرفة اسباب الصراع والعمل على تخفيفه .

3) تدخل الرئيس الأعلى بصورة مباشرة .

4) استخدام أسلوب الإدارة في العلاقات الإنسانية بدلا من استخدام النهج البيروقراطي.

5) محاولة تعديل وتغيير السياسات الداخلية .

6) استخدام أنظمة اتصالات فعالة وبإتجاهات مختلفة .

7) تصميم برامج تدريبية تعتمد على النهج العلمي .

وتعتبر مهارة إدارة الصراع على كل المستويات من أهم المهارات التي يجب تنميتها عند المديرين والافراد العاملين، وذلك لضمان مستقبل مستقر وناجح للمنظمة الإدارية، وتحقيق ما يلي :

1- للحصول على التغيير البناء وإدارته، فكثير من المنظمات الإدارية تسعى للتقدم والتطوير، وهـذا المتطلب يعني في جوانب المنظمة الإدارية كافة بالرغم من أن هذا التغيير، سواء كـان سـلبياً أم إيجابياً، سيؤدي إلى أنواع كثيرة من الصراع داخل المنظمة الإدارية.

2- للمساعدة في معرفة وتفهم الاختلافات في قيم وثقافة الأفراد والمنظمات .

3- لتنمية إدارة فريق العمل، فهذا يجبر الإدارة على تطوير مهارات الافراد، وتقبل بعضـهم بعضـاً، كفريق عمل متجانس بالرغم من ان هذا الاسلوب الإداري، لا بد وأن يظهر بعض الصراعات بين الافراد من حين لآخر .

الباب الثاني

ادارة التطوير التنظيمي

الفصل الاول

التطوير التنظيمي

مفهوم التطوير التنظيمي

يعرف التطوير التنظيمي بأنه "يتضمن اشاره الى مختلف مداخل العلوم السلوكيه المستخدمه لتوجه المنظمات الاداريه نحو الانفتاح والصدق".

كما يعرف التطوير التنظيمي "بانه جهد مخطط على مستوى التنظيم ككل تدعمه الاداره العليا لزياده فعاليه التنظيم من خلال تدخلات مخططه في العمليات التي تجري في التنظيم، مستخدمين في ذلك المعارف التي تقدمها العلوم السلوكيه"، وفي تعريف آخر يرى ان "التطوير يسعى الى تحقيق الكفائه في الانتاجيه عن طريق المنظمات الاداريه وتطويرها من خلال تنميه القوى البشريه، والتركيز على الثقافه التنظيميه، ودعم القياده العليا، والعمل على ايجاد المناخ التنظيمي المناسب وترسيخ دعائم الديموقراطيه".

مساهمات الفكر الاداري في التطوير التنظيمي

بدا اهتمام الدارسين بمشكلات التطوير التنظيمي منذ بدايه نشوء المجتمعات الانسانيه الاولى ومواجهتها للعديد من المشكلات الاداريه والتنظيميه المختلفه، مما ادى ذلك الاهتمام الى ظهور محاولات كثيره ترمي الى ايجاد حلول لهذه المشكلات بهدف زياده الانتاجيه، وهنا لابد من الاشاره الى كل من اصحاب الفكر الاداري التقليدي والسلوكي، حيث شهدت اوروبا والولايات المتحده في منتصف القرن التاسع عشر زياده في حجم النمو الاقتصادي ادت الى ظهور المؤسسات والمنظمات الاداريه الكبيره، التي صاحبتها محاولات جديده هدفت الى التخفيف من حده المشكلات التى تواجهها الاداره، فكان لابد من الاداره من استخدام ثلاثه مبادئ اداريه تنظيميه، وهي التنظيم وتقييم العمل، والاتصالات، والمعلومات .

كما شهدت اواخر القرن التاسع عشر نشاطا فكريا ساهم في ارساء قواعد علميه راسخه على ايدي مجموعه من الرواد كان ابرزهم (هنري تاون) الذي قدم مساهمات كثيره في مجال الاداره، كالمطالبه بضروره العمل على تبادل المعلومات بين الاداره والعاملين وبين رجال الاعمال انفسهم. وضروره حساب تكاليف الانتاج لكل عنصر من عناصره. وقد سعت هذه المحاوله وغيرها من المحاولات الى بلوره مفهوم الفكر الاداري وتطويره في القرن العشرين.

والجدير بالذكر ان الابحاث والدراسات لم تتوصل الى بدايه واضحه لمفهوم التطوير التنظيمي، وبالرغم من امكانيه النظر الى هذا المفهوم كتكريس للمدارس السلوكيه، الا ان ذلك لايعني عدم ظهور بوادر في هذا الاتجاه قبل هذه المدارس، ففي ظل المدرسه التقليديه، (نظريه الاداره العلميه) انصب التركيز في التطوير التنظيمي على جهه واحده هي الانتاجيه دون اعطاء اهميه لمفهوم البعد الانساني .

ولكن ذلك لم يكن مقصوداً، لان لكل مرحله ظروفها الخاصه بها وبيئتها المختلفه، وقد استمرت جهود هذه المدرسه بالتركيز على الانتاجيه كأحد عناصر التطوير التنظيمي الى ان ادخلت متغيرات جديده ادت الى احداث تغيير في الفكر الاداري الذي كان مسيطراً في تلك المرحله، وتمثلت في التركيز على الجانب الانساني واهميته في العمليات الانتاجيه، وتضمنت هذه المرحله محاولات عديده منها تجارب (هوثورن) التي تناولت العمل الجماعي، وقد اثبتت هذه المحاولات الجديده ان الاهتمام بالعنصر الانساني سلبا ام ايجابيا يؤدي الى زياده الانتاجيه، وبالتالي فان التطوير التنظيمي ماهو الا تكريس لهذا المفهوم .

ثم تواصلت الجهود في البحث والدراسه فكان هناك ليكرت عام 1961م وهيرزبيرج عام 1966م، ثم ماسلو عام 1970م، واظهرت كل هذه المحاولات اهميه العنصر الانساني في التطوير التنظيمي من خلال السعي الى تحقيق اهدافها في احداث تغيير في سلوك المنظمات الاداريه، وكذلك الافراد وكنتيجه لجهودها كان لمساهمات

التدريب المعملي في المنظمات الصناعيه، واسلوب التغذيه الراجعه الاثر الاكبر في بلوره المفهوم السابق من حيث اهميه العنصر الانساني في التطوير، ولاننسى مساهمات النظريه الاداريه والبيروقراطيه في محاوله ايجاد تنظيم اداري مثالي يقوم على اساس تقييم العمل الاداري والمكتبي وكيفيه تأثير ذلك على المهام والسلوك، حيث ركزت هذه المرحله على ضروره تقسيم العمل وفقا للوائح والتعليمات دون اعطاء أي اعتبار للجوانب او العوامل الشخصيه، فقد كانت نظريه الاداره تحاول ايجاد مبادئ يستطيع الاداري من خلالها وضع هيكل رسمي، يساعد على تسهيل القيام بالمهام والواجبات بدلاً من الاعتماد على الحدس والتخمين في اداره الامور.

وقد قدم رواد هذه المرحله اسهامات كبيره حيث دعا (فايول) الى ضروره قيام الاداره بخمس وظائف رئيسيه هي التخطيط والتنظيم والامر والتنسيق والرقابه، بالاضافه الى ضروره التركيز على تطبيق القواعد المتمثله في تقسيم العمل، والسلطه والمسؤليه، والانضباط، ووحده القياده، ووحده التوجيه، وتعويض الموظفين، والمركزيه، والتسلسل الاداري والنظام والعداله والاستقرار الوظيفي والمبادره والروح الجماعيه.

واستمرار للجهود المبذوله من اجل تطوير المنظمات الاداريه ظهر على أيدي مجموعه من الرواد منهم (دوغلاس ماكروجر) و(هربرت بيرد) حيث شارك هؤلاء في محاولات ايجاد حلول للمشكلات التي واجهت جهود التطوير التنظيمي من خلال التاكيد على ضروره اشتراك الاداره العليا وافراد التنظيم في عمليات صنع القرار، وضروره تطبيق الدراسات والتجارب العلميه على المنظمات الاداريه في الموضوعات المختلفه، وظهر نتيجه لهذه الجهود مايعرف بالتطوير التنظيمي الذي قام على اسس اهمها البحث الموجه والتغذيه الراجعه والتدريب المعملي، وقد انتشر تطبيق هذا التطوير في عده دول في اوروبا وامريكا، وتمثل ذلك بالتدريب المعملي، والاثراء الوظيفي وبناء الفريق والعمل على ضروره فهم ديناميكيه الجماعه وتفاعلها داخل المنظمات الاداريه، والاستعانه بعلم النفس الاجتماعي، وتم تركيز الجهود على ضروره استخدام المنهجيه العلميه في تطوير اسليب العمل.

117

وكان للعلاقات الانسانيه دورها في هذا المجال حيث ركزت على المحددات الرئيسيه لتطوير جماعه العمل والتعرف على خصائص الجماعات غير الرسميه باعتبار المنظمه مجتمعاً انسانياً، وتعتمد الاداره فيها على العلاقات الانسانيه في محاولاتها التنسيق بين جهود الافراد، لخلق جو عمل ملائم يحفز الافراد على العمل بشكل تعاوني، بهدف تحقيق اهداف التنظيم من ناحيه واشباع رغبات الافراد من ناحيه اخرى.

وقد رأى (سايمون) أن جميع العمليات التنظيميه تدور حول اتخاذ القرارات الاداريه وان التطوير التنظيمي ماهو الانتيجة لاتخاذ القرارات الاداريه، وبالتالي فان التطوير التنظيمي يتطلب معرفة كيفية اتخاذ القرار والعوامل المؤثرة فيه.

واصدر كل من (موني ورايلي) كتابا بعنوان(مبادئ التنظيم)،تم التركيز فيه على ضروره معرفه التدرج الوظيفي كجزء من محاولتهما الشاملة لدراسة التنظيمات، كما ان ظهور الادارة كعلم يعتبر حديث النشأة، ولكن كيفية التعامل مع منظمات ادارية معقدة والعمل على ادارتها قد لايكون حديثاً، فالنظريات الإدارية لم يبدأ ظهورها في مجال الادارة، بهدف وضع اسس سليمة يسير عليها علم الإدارة الا في بداية القرن العشرين.

ولدراسة وتتبع مساهمات تلك النظريات في مجال التطور التنظيمي، لابد من اتباع منهج يقوم على اساس تقسيم تلك الفترة التي ساهمت بها النظريات الى المراحل التالية:

1- مرحلة الفكر الكلاسيكي :

تمتد هذه المرحله من 1900- 1927 وقد دعيت بالكلاسيكيه، نظراً لما قدمته من افكار مثالية في الإدارة وبالرغم من المشكلات الكثيرة التي واجهتها نتيجة لعدم واقعيتها، الا أنها شهدت العديد من المساهمات الفكرية لدعم وتطوير الموضوعات الإدارية .

ويلاحظ في هذة المرحلة هو أن التسلسل في البحث والدراسة مبني اساساً على الفترات الزمنية لها، وليس على مواقعها ومساهماتها في الفكر الاداري، فقد ظهرت نظريات كلاسيكية في فترات زمنية متأخرة تزامنت مع بعض الافكار السلوكية، ولذلك

فان المرحلة الكلاسيكية امتدت حتى اواخر 1960.

فالمتبع للفترة الزمنية التي ظهرت فيها افكار نظرية الإدارة العملية يلاحظ ان تلك المرحلة شهدت ممارسات وتطبيقات ادارية غير صحيحة ترتب عليها الكثير من المشكلات الإدارية، وذلك في الفترة التي بدأ فيها نمو المجتمع يسير بشكل كبير مصاحباً لبعض بوادر النمو الاقتصادي، الأمر الذي تطلب وضع حلول جذرية للمشكلات الإدارية، حيث ظهر نتيجة لذلك العديد من النظريات التي حاولت تفسير المشكلات الإدارية بطرق علمية وكان التركيز هنا على زيادة الإنتاجية وتحقيق الكفاءة والفاعلية، ويمكن القول أن هذه المرحلة كانت أولى اشارات الإدارة لمفهوم التطوير التنظيمي بالرغم من اهمال البعد الانساني، وعدم اعطائه أي اهتمام يذكر، حيث أوجدت الثقافة الإدارية والفكر الإداري لدى الإفراد القائمين على الإدارة اعتقادا بأن الفرد العامل كسول، لايحب العمل، وبالتالي لابد من الرقابة الصارمة والشديدة علية، وقد كان لجهود (تيلور) دور مهم في تطوير الإدارة العلمية التي عرفها بأنها ذلك "النوع من الإدارة التي تدير الاعمال من خلال معايير مهمة بناء على حقائق يتم الحصول عليها من خلال الملاحظة المنظمة والتجربة".

وكان تركيز(تيلور) على استخدام المنهجية العلمية في العمل الإداري واضحاً، فقد قام بدراسة الوقت والحركة، وركز جهوده هلى ضرورة تقسيم العمل والتخصص ووحدة الأمر، وايجاد طريقة مثاليه للقيام بالأعمال، اما نظرية المبادئ الإدارية فقد ركزت على ضرورة وضع مبادئ عالمية يمكن الاعتماد عليها في العمل التنظيمي، وكذلك الإداري ومن روادها (فايول) وآخرون .

جهود المرحلة الكلاسيكية في التطوير التنظيمي

كانت الافكار والمبادئ التي سبق ذكرها على قدر كبير من الأهمية فالإدارة قبل هذه المرحلة كانت عبارة عن ممارسات عشوائية لاتستند على اسس علمية، وهنا نجدر

الإشارة الى أن افكار هذه المرحلة كان لها دور كبير في بلورة ودعم حقل الإدارة كعلم مستقل وقد قدم رواد هذه المرحلة الكثير لمفهوم التطوير التنظيمي، الا أن ما يؤخذ عليهم هو اهمالهم للجوانب الإنسانية، حيث شهد التطوير التنظيمي بعض الممارسات والتطبيقات فقط في الجوانب الهيكلية والبنائية، فالتطور التنظيمي في هذه المرحلة كان يتضمن مفاهيم منها أن التطوير هو زيادة الإنتاجية واستخدام الاسلوب العلمي وتبسيط الإجراءات وجعل بيئة المنظمة مستقرة، وكان الاسلوب المستخدم للتطوير في هذه المرحلة يعتمد على القوة والإجبار .

2- مرحلة الفكر السلوكي:

لقد ظهر الفكر السلوكي نتيجة لقصور الفكر الكلاسيكي في معالجة قضايا الجانب الإنساني في المنظمات الإدارية، وقد سعى الفكر السلوكي لحل المشكلات التي عجز الفكر الكلاسيكي عن ايجاد الحلول الملائمة لها، فقد سارع العديد من رواد هذه المرحلة الى البحث والدراسة وتقديم الحلول والتركيز على الجانب الإنساني خاصة العلاقات الإنسانية في بيئات العمل واستمرت جهود هذه المرحلة من 1927-1950، وكان جوهر هذه الجهود ماقام به (هوثورن) من تجارب في هذا المجال، ولكن مايهمنا هنا هو أثر الفكر السلوكي المتمثل في العلاقات الإنسانية، وما قدمه من أفكار للتطوير التنظيمي، فقد توصلت هذه المرحلة الى ارتفاع الروح المعنوية للعاملين، وزيادة انتاجهم نتيجة لمشاركتهم في التجارب التي قامت بها الإدارة وظهر ذلك بعد فترة من اجراء التجارب بسبب التركيزعلى دور العوامل المادية في الإنتاج، وخلاصة هذه المفاهيم أن الانسان ليس ماديا كما رأته المرحلة الكلاسيكية بل هو انسان معقد يتكون من مجموعة من المشاعر والاحاسيس، ولابد من الارتقاء وتطوير اساليب التعامل مع هؤلاء الافراد اذا كان هدفها هو زيادة الانتاجية، فقد بينت هذه المرحلة بأن هناك عوامل اخرى تعمل على زيادة الإنتاجية مثل ديناميكية الجماعة والقيادة، وكذلك ادت هذه المرحلة الى ظهور نظرية الدافعية التي ساهمت في تطوير وتهذيب اساليب التعامل مع الافراد .

جهود المرحلة السلوكية في التطوير التنظيمي

تبلورت مساهمات هذة المرحلة في أسلوبين وهما(اسلوب التدريب المخبري والبحث الإجرائي) دوراً بارزاً في تطويرالتنظيمي، وقد ركزت على جماعة العمل وتشخيص المعلومات والقضايا ذات العلاقة بالمنظمات واستخدام المنهجية العلمية لحل وتشخيص المشكلات باسلوب علمي خاصة، فيما يتعلق بعمليات الإنتاج والتخطيط واتخاذ القرارات، وللتعرف على الأسلوبين كما يلي:

أ- أسلوب التدريب المخبري:

لقد ظهر هذا الأسلوب في منتصف الأربعينات، وكان له أثر واضح على التطوير التنظيمي، وكان يعتمد على اساس وجود مجموعة من الأفراد العاملين يترك لهم المجال للتفاعل والتعلم من بعضهم ومن خلال ذلك يتم ادخال التغيرات المطلوبة في سلوكهم، وقد كانت البداية العملية لهذا الاسلوب في معهد ماشيوست للتكنولوجيا(M.I.T) الذي ساهم هذا المعهد في طوير هذا الأسلوب من خلال عقد اللقاءات والدورات واستخدم تدريب (الحساسية) .

ب- أسلوب البحث الإجرائي :

هو أسلوب له الأثر الأكبر في تاريخ التطوير التنظيمي وكانت (جامعة متشيغان) مركزاً له، وقد تم تطوير هذا الأسلوب، بحيث شمل استخدام التغذية الراجعة وجمع المعلومات لحل المشكلات التي تواجه المنظمات الإدارية.

3- **المرحلة الحديثة في الإدارة، ودورها في التطوير التنظيمي:**

نجم عن وجود اختلافات بين افكار كل مرحله من المراحل السابقة في تطوير الفكر الاداري للتطوير التنظيمي، ظهور افكار جديده حاولت التقليل من الاختلافات والتناقضات بين الاتجاهين السلوكي والكلاسيكي، فظهرت مدرسه اتخاذ القرارات ومدخل اداره الموارد البشرية، وكذلك المدخل التنظيمي والتكاملي والظرفي.

مدرسة اتخاذ القرارات

كان ماقدمتة مدرسه اتخاذ القرارات في الادب التنظيمي هـو نتيجـه حتميـه لعـدم قـدره الفكـر السلوكي، وماتضمنه من نظريات على اعطاء تفسيرات علميه لبعض المتغيرات السـلوكيه والتنظيميـه، وذلك بسبب عدم مساهمه المتغيرات والابعاد التي قام اصحاب الفكر السلوكي بـالتركيز عليها في بدايه محاولاتهم، وخاصه ان تلك المحاولات اهملت بعض المفاهيم المتعلقه بالجانب الانساني .

ولكن ظهر اهتمام بالجوانب الهيكليه خصوصاً بعد ظهور المنظمات الكبيره التي اصبحت عمليه اتخاذ القرارات فيها من الامور الجوهريه في حياة التنظيم، واصبحت الحاجة ضروريه لوضع عدة بـدائل واختيار بديل جيد، وفي هذه المرحله نشطت الجهود ومنها جهود (سايمون) الـذي اعتبر ان الاداره هـي اتخاذ قرارات، وقد ركز رواد الفكر السلوكي في ان المنظمة هي وحدة متكاملـة، وجـزء فرعـي مـن اجـزاء اخرى تتفاعل مع بعضها البعض وترتبط بعلاقات تبادليه تعتبر ضروريه لبقاء واستمرار البناء التنظيمي، وكذلك ركزوا على اهمية البيئة في حياة المنظمات واثر هذه البيئه، سواء داخلية ام خارجية على عمليات اتخاذ القرارات.

وكان لنظريه (سايمون) في عمليات اتخاذ القرار دور كبير ومسـاهمة فعالـة في التطـوير التنظيمـي، حيث تقوم هذه النظرية على:

1- ان هناك عمليات اختيار بديل من عدة بدائل.

2- ان تحديد الهدف العام لايترتب عليـه انتهـاء عمليـه اتخـاذ القـرار، بـل ان عمليـه اتخـاذ القرار تتضمن التنظيم كذلك.

3- ان التنظيم الاداري يتضمن فئه عليا وهم صانعو القرار وفئه دنيا، وهم منفذو القرارات.

4- ان متخذ القرار(أي الفئه العليا)هو الذي يجب عليه اختيار البديل من عدة بدائل.

كما ترى نظرية (سايمون) ان هناك قرارات مبرمجه وقرارات غير مبرمجة والقرار المبرمج هو ذلك القرار الذي يتطلب توافر الخبرة والتجارب التي اكتسبها الاداري في الفترة الزمنية التى عمل خلالها، وهذا النوع من القرارات لايحتاج الى مهارات ابداعية كثيره، اما القرارات غير المبرمجة فهي تلك القرارات التى تتناول موضوعات متعددة، ومعقدة وتحتاج الى تان ودراسة وتفكير وابداع، فالسلوك التنظيمي، مثلاً يعتمد ترشيدة على الاختيار السليم من بين مجموعة من البدائل ذلك ان القرار الرشيد هو القرار الموضوعي القائم على دراسة، وتحليل الموقف بصورة واقعيه، وهنا كما اشار (سايمون) يوجد نوعان من الرشد هما :

1- النموذج الموضوعي، وهو الاقرب الى اتخاذ القرار المثالي .

2- النموذج الشخصي، وهو الاقرب الى الواقع في حالة اتخاذ القرار الاداري.

ويلاحظ هنا ان حالة الرشد المطلقة تكاد تكون مستحيلة لان الفرد معرض للقيود التي تحول دون ممارستة العقلانيه بصورة كاملة، وينطبق على الاداره المفهوم نفسه فهي تحاول دائماً التركيز على الانتاجية والكفاءة الا ان الظروف تمنع احيانا من اتخاذ القرار الرشيد، وكذلك فهي تقوم بتحديد المسؤوليات للافراد والاهداف فيما يتعلق باتخاذ القرارات الادارية، والبحث والدراسة بهدف تنمية مهارات الافراد لاختيار البديل الامثل.

وقد عارض(سايمون) مفهوم الرشد المطلق في رجل الادارة لوجود معوقات ومتغيرات كثيرة، مثل مستوى المهارات والمواقف والضغوط التي تفرض عليه قيوداً تجعله يلتزم بانماط سلوكية معينة قد تعيقه عن اختيار البديل الامثل...الخ، فعملية اتخاذ القرار هي اختيار البديل الامثل في ظل الظروف السائدة والمعروفة، وقد حاول (سايمون) اظهار الرجل الاداري بتوقعاته وممارساتة لاتخاذ القرار بدلاً من الرجل الاقتصادي حيث يقوم الرجل الاداري بدراسه كل البدائل واختيار البديل الافضل، بما يحقق له الرضا والاشباع، فنظرية المنظمة هي نظرية الرشد المحدود بسبب وجود محددات ومعوقات تمنع

الوصول الى الرشد المطلق.

نظرية التوازن التنظيمي

تقوم نظرية التوازن التنظيمي (لسايمون) القائمة على ان الافراد داخل المنظمة الادارية يعملون بشكل جماعي، وان قراراتهم تتأثر بمدى مساهمه كل منهم في صنع القرار كون الافراد على علم بـأن هذه المشاركة، سوف يترتب عليها اشباع لحاجاتهم ورغباتهم أي ان يتحقـق تـوازن بـين تحقيـق اهـداف المنظمة وتحقيق اهداف الافراد، فالمنظمة ونتيجـة لهذا التوازن تسـتطيع المحافظـة عـلى اسـتمرارها ووجودها وتعكس هذه الحالة نجاح المنظمات الاداريه ونجاح سياساتها الداخلية لبقاء الافراد في حالـه عطاء مستمر، وهنا يجب على الادارة ان تحافظ على حالة التوازن هذه، وان تعمل عـلى تحقيـق شروط التوازن التنظيمي المتمثل بما يلي:

1- عملية اتخاذ القرارات .

2- البيئة المحيطة.

3- الجماعة.

4- التخصص.

5- تنفيذ القرارات.

6- التوازن والمحافظه عليه.

7- التعاون.

نظرية النظام التعاوني

ان نظرية النظام التعاوني تعتمد على ثلاثة اساسيات منها:

1- اتخاذ القرارات على مستوى الافراد والمنظمات.

هنا تمر عمليه اتخاذ القرار الصادر من فرد او عدة افراد من مختلف المستويات التنظيمية في الهيكل التنظيمي في مراحل معينة تخضع فيها لعمليات وحسابات دقيقه من المنطق والعقلانية، وخاصة ان القرار التنظيمي يتكون من عدة قرارات فرعية غير عشوائية معتمدة على المنطق والتحليل، ويمكن الاشارة الى اشكال القرارات التنظيمية، كما حددها (برنارد)، وهي القرارات التصاعدية والقرارات التنازلية والقرارات الايجابية والقرارات السلبية ، كما وضح ان القرار وسلطاتة تعتمد على متسلم القرار، وليس على الشخص المصدر له وان شرعية القرار تعتمد على قبول المرؤسين له، وهذا يتوقف على وضوحة وسهولة فهمه ومدى انسجامه مع اهداف المنظمة الادارية.

2- التنظيم الرسمي والنظام التعاوني

يرى (برنارد) بأن المنظمة هي عبارة عن نظام تعاوني يتم بين شخصين او اكثر، بهدف للوصول الى الاهداف، وكذلك اعتبر المنظمة نظام مفتوح يتفاعل مع الانظمة الفرعية الرئيسية الموجودة في بيئات العمل، وقد بحث في عمليات نمو واستقلالية المنظمات الادارية، حيث اشار الى ان المنظمة الادارية قد تكبر ويزداد حجمها نتيجة لعدة عوامل منها :

1- وجود صعوبة في طرق الاتصال بين المنظمة وفروعها.

2- تعقيد الاهداف.

3- صعوبة التفاعلات والتكيفات بين الافراد داخل بيئة العمل.

4- التنظيم غير الرسمي والنظام التعاوني

ان التنظيم غير الرسمي عبارة عن تفاعلات واتصالات بين اعضاء التنظيم بشكل غير رسمي، ويتصف بعدم وجود هيكل تنظيمي محدد له وهو نتيجة حتمية لوجود التنظيمات الرسمية، وتتبع ضرورة الاهتمام بهذه التنظيمات، كونها تساعد على خلق اتجاهات جديدة ومفاهيم وعادات وتقاليد وانماط سلوكية، وتعمل على خلق بيئة عمل

جيدة تساعد المنظمة على تحقيق اهدافها واهداف افرادها، وتستطيع الادارة هنا استخدام مجموعـة من الحوافز، تتمثل في دفع الافراد للعمل مع بقية زملائهم من خلال المشاركة، والاتصالات المتبادلـة في بيئة عمل ذات مناخ سليم.

مساهمات مدرسة اتخاذ القرارات في التطوير التنظيمي

ان المفتاح الرئيسي في نجاح منظمات الاعمال هو عمليـة اتخـاذ القـرار الاداري، وذلك لان المنظمـة الادارية الناجحة تسعى للنجاح في عمليـات اتخـاذ القـرار وتحقيـق الكفـاءة والمهارة، وتطبيـق النهج العلمي، حيث ان التوقيت المناسب لاتخاذ القرار اوعدم اتخاذه او تاجيلة كل ذلك يقود للقرار الناجح، وبالتالي يترتب على الادارة الناجحه ان تبحث عن العوامل الاستراتيجية، وان تعمل علـى تطوير أنظمـة الاتصالات المعمول بها، وكذلك يجب الاستعانة بالتنظيمات غير الرسمية والتركيز على القيادة ودعمها.

وعلى الرغم مما وجه الى هذه المدرسة من انتقادات الا انها تمثل مرحلة اسهام متطور في عمليات صنع القرارات الادارية، بالاضافة الى الدور الايجابي الذي قدمتة في ترشيد وتطوير السلوك التنظيمي، فقد اهتمت بالتنظيمات غير الرسمية ونبهت الفكر التنظيمـي الى متغـيرات كثيرة منها المتغـيرات الهيكليـة والسلوكيه والبيئية، حيث ركزت على ان المنظمات هي نظام مفتوح تتعامل مع البيئة المحيطة بالاضافة الى تركيزها على الجوانب الكمية في الادارة.

ادارة الموارد البشرية

كان دور ادارة الموارد البشرية مقتصرا علـى حفـظ السـجلات حتـى عـام 1960م، وكـذلك تخـزين البيانات الخاصة بمؤهلات العاملين وبعد عام 1964م تطور دور هـذه الاداره واصبح يتضمن متغيرات اخرى، مثل حقوق الافراد والسلامة العمالية وتدريب العاملين وتنمية مهاراتهم، ووضع نظام اجور عادلة والتركيز على الجوانب الانسانية.

جهود ادارة الموارد البشرية في التطوير التنظيمي

لقد اهتمت ادارة الموارد البشرية بالافراد العاملين مـن حيـث الاختيـار والترقيـة والتعيـين، وكذلك اهتمت بتخطيط وتدريب وتقييم الأداء وايجاد حلول للمشكلات وتطوير سياسـات التشـغيل والحـوافز وتطوير استراتيجيات خاصة للحصـول عـلى المـوارد البشـرية وتحديد الاحتياجـات التدريبيـة واسـتخدام الطرق الرياضية في الاستقطاب والتوزيع... الخ، وما هذا التطور في وظائف ادارة الموارد البشرية هو دليلاً واضحاً على اهمية الموارد البشريه في تطوير المنظمات بجانبيها التنظيمي والبشري:

1- الفترة 1980-1990 :

حيث دخل مفهوم التخطيط للموارد البشرية خلال هذه الفترة حيز التنفيـذ، ولعب دوراً كبيراً في تحديد الاتجاهات التدريبية والوظيفيه، كما تضمنت هذه الفترة مفهوم التخطيط الاسـتراتيجي لـلادارة، واصبحت عمليات توزيع الموارد البشرية تستند عـلى أسس علمية تاخذ بالاعتبـار التوافـق بـين القدرات البشرية والواجبات الوظيفية، وقد ساهمت هذه المفاهيم في ايجاد الحلول للمشكلات الادارية.

ونتيجة لزيادة وعي ومعرفة الافراد وزيادة سبل الاتصال زاد وعي ومستوى ثقافة المديرين، حيـث ركزوا اهتمامهم على تطوير العلاقات الانسانية الفردية والجماعية، وكذلك تم اسـتخدام اسـاليب اداريـة حديثة، كالمشاركة في اتخاذ القرارات بشكل انعكس بصورة ايجابية على المنظمات الادارية، وعـلى الافراد العاملين، وهنا تطور ارتباط الافراد بمنظماتهم الامر الذي ادى الى تشكيل ثقافة تنظيمية جديدة.

2- مرحلة النظام المفتوح والتطوير التنظيمي:

تعود بداية استخدامات هذا المفهوم في الفكـر الاداري الى اوائـل السـتينات، حيـث كان لمدرسة النظام الاجتماعي دور بـارز في تصـور المـنظمات كنظـام مفتـوح ومتكامـل يتكون من اجزاء مترابطة متبادلة التأثير والاعتماد على المجتمع الموجودة فيه، ويمثل هذا

127

النظام الكيان المكون من اجزاء وعناصر متداخلة وذات علاقة تبادلية تقوم بمهام تؤدي في النهاية بشكل كلي الى تحقيق اهداف النظام، ونظرية النظم تركز على ضرورة ايجاد طريقة للتنسيق وتحقيق الفوائد المتبادلة مع الاخرين افراد كانوا او منظمات، وتركز هذه النظرية على محاولة توضيح عوامل استمرار المنظمات الادارية واستقرارها من خلال محاولة معرفة العلاقة بين البيئة المحيطة بالمنظمة وما تقدمة من مدخلات بشرية او مادية او تكنلوجية ودرجة التفاعل بين هذه المدخلات الامر الذي يؤدي الى نتائج ايجابية، وتتضمن هذه العمليات:

1- المدخلات.

2- الانشطة، العمليات التحويلية.

3- المخرجات .

4- البيئة.

5- التغذية الراجعة حيث تم الاعتماد على هذه المرحلة لتقييم مدى نجاح المنظمة في تحقيق اهدافها.

جهود نظرية النظم- النظام المفتوح في التطوير التنظيمي

لقد ساهم المدخل التنظيمي بشكل كبير في التطوير التنظيمي من خلال تأكيده على التداخل بين الاجزاء وكذلك العلاقة بين النظام وبيئاتة، والعلاقة بين المتغيرات الفنية والسلوكية، وبالتالي تقديم تصور واضح عن مدى التداخل بين الجوانب الرسمية وغير الرسمية في منظمات الاعمال، كما اسهم هذا المدخل في الابتعاد عن فلسفة التوازن بين الادارة والعمال، وضرورة العمل على قبول فكرة الصراع والتناقض والاهتمام بمنازعات العمال والرضا عن العمل، ولقد حققت مفاهيم هذا المدخل تصورات اكثر موضوعية لفهم الظاهرة التنظيمية والسلوك التنظيمي، وحاولت مساعدة المنظمات في تطبيق نهج اداري على درجة كبيرة من المرونة، وتحديد اكبر عدد من متغيرات السلوك

التنظيمي لضبطها والسيطرة عليها.

3- مرحلة المدخل التكاملي في التطوير التنظيمي:

ان هـذه المرحلـة ضروريـة في التركيـز عـلى قضايا القـوة والنـزاع التنظيمـي والتغير في الجوانـب التنظيمية، حيث دعت هذه المرحلة من الفكر التنظيمي الى ضرورة الاهتمام بالتناقضات والمعارضات، وعدم التوافق بالقدر والاهمية اللذين تعطيهم الادارات لكل من الالتـزام والنظـام في المنظمة الادارية، وكذلك ركزت جهود هذه المرحلة عـلى دراسة جوانـب الاختلاف بـين المنظمات، حيث تكون الفائـدة المتحصلة اكبر قيمة، وهذه المرحلة قد اعطت اهمية لدراسة السلوك التنظيمي، واجراءات وعمليات اتخاذ القرارات، ثم العمل على ايجاد الحلول الموضوعية للمشكلات الادارية، مع اعطاء اهميـة خاصة لمشكلات الصراع والقوة.

وتعتمد العناصر الاساسية لهذا المدخل على دراسة وفهم القوانين والانظمـة التي تحكم التنظيم، مما يساعد على فهم العمليات التنظيمية والبناء التنظيمي وعوامل القوة والاستمرار وعوامـل التوافـق والتكيف في السلوك التنظيمـي مـن خـلال السياسـات الداخلية المتمثلـة في انظمـة الحـوافز، والقيادة، والاتصال، والرقابة، ونظم المعلومات، والمسؤوليات، وكذلك السلطة والتركيز على دراسة المشكلات التي تواجه، وتهدد حياة المنظمات الادارية، وتؤدي بالتالي الى عدم نجاحها، وعدم استمرارها.

جهود المدخل التكاملي في التطوير التنظيمي

هنا يلاحظ وجود البناء التنظيمي النتائج وفقا لافتراضات هـذه المرحلة، امـا نتيجـة لمتطلبات البيئـة الاقتصادية والاجتماعية والسياسية، او نتيجـة للتخطيـط والدراسة والتحليل او لتحقيق اهـداف مرسومة ومحددة، وتشمل الجهود هنا دراسة المنظمة وتفاعلاتها مع البيئة وقدرتها على الاستمرار وتحقيـق الاهداف المطلوب، كما تعالج جهود هذه المرحلة اسباب اضمحلال المنظمة وزوالها اما نتيجة لوجود عيوب قد تكون

في البيئة كنقص الموارد، او نتيجة لخلل في البناء التنظيمي والسياسات الادارية، مثل انظمة الحوافز والقيادة الفعالة وانظمة التحفيز والعلاقات التنظيمية.

4- مرحلة المدخل الموقفي:

تركز هذه المرحلة على محاولة فهم المواقف المختلفه التي تواجه التنظيم بهدف ايجاد الحلول المناسبة لكل حالة او موقف مع الاخذ في الاعتبار مبدأ الواقعية، والابتعاد عن المثالية بقدر الامكان، ويتم ذلك من خلال دراسة الواقع ومقارنتة مع الظروف البيئية المحيطة لغايات معرفة حالات التأكد، وحالات عدم التأكد في المواقف التي قد تضر المنظمة فيها الى اتخاذ قرارات ضرورية او قرارات حاسمة، خاصة في المواقف التي تكون فيها ظروف البيئة غير ثابتة وغير مستقرة.

وقد سعت هذه المرحلة الى دراسة المواقف التنظيمية بكل ابعادها، ومتغيراتها اهمها :

1- التأثير المتبادل بين اجزاء المنظمة الادارية.

2- عدم الاستقرار والثبات في حياة المنظمات الادارية.

3- الاختلاف في الحالات التنظيمية من وقت لاخر.

كما هو ملاحظ فأن محتويات النظرية الموقفية توضح كيف تعالج الادارة المواقف المختلفة بشكل يؤدي الى نجاحها ويحافظ على استمرارها.

جهود المدخل الموقفي في التطوير التنظيمي

لقد أكد المدخل الموقفي حالة التنظيم المستمر في احداث التغير التنظيمي، فالواقع التنظيمي والانساني يعبر باستمرار عن حاجة التنظيم لاحداث توازن حركي ونسبي بين متطلبات نجاح التنظيم، وبقائة من جهه وبين متطلبات مناخه التنظيمي من جهه اخرى، فحاجة الجانب الانساني في مناخ التنظيم الى التغيير بصورة مستمرة يدعوا الى ضرورة

احداث تغيير في الجوانب التنظيمية، كما ان التغيرات البيئية تدعوا الى احداث تغيرات تنظيمية دائمة بهدف تحقيق التأقلم والتكيف المطلوب للبيئة، اضافة الى تحقيق الاستقرار والامن الوظيفي، سواء في النشاطات ام الوظائف ام الافراد ام في العلاقات التنظيمية خوفا من حدوث الارباك واختلال التوازن، ان ماقدمه هذا المدخل يعتبر من الدعائم الاساسية للتطوير التنظيمي من خلال التغيير في الهياكل والسلوك التنظيمي، وفقاً لمتطلبات البيئة الداخلية والخارجية.

5- مرحلة الادارة بالاهداف ومساهماتها في التطوير التنظيمي:

يؤدي تطبيق هذا الاسلوب في الاداره الى الدقة في تحديد الاهداف وتوضيحها، وكذلك البحث في تقييم الاداء والتحليل الكمي وحسابات التكاليف بالاضافة الى استخدام النهج الاداري الاكثر ديموقراطية في ادارة التنظيم، وفي ادارة العمليات التشغيلية باستخدام البعد التكنولوجي، ويرى الباحثون ان لهذا الاسلوب دور كبير في نجاح جهود التطوير التنظيمي.

6- نظرية Z وجهودها في التطوير التنظيمي:

تمارس الادارة في اليابان اساليب متشددة، حيث يتبع الافراد فيها خطوط رسمية من الاوامر الصادرة بصورة دقيقة الامر الذي يعكس جهودها في التطوير، نتيجة لما تتميز به من القدرة على خلق الولاء والانتماء للمنظمة كون التوظيف يستمر طوال الحياة، وكذلك يتم اتخاذ القرارات بصورة جماعية كصورة من صور المشاركة، ان الاخذ بمفهوم الاداره اليابانية من شأنه ان يساهم في جهود التطوير التنظيمي للمنظمات الادارية.

وتحاول هذه النظرية القيام بتحقيق التكامل بين عناصر الادارة اليابانية والادارة الامريكية، وتتمثل هذه العناصر وفقا لهذه النظرية في:

1- التشغيل طول الحياة.

2- المرونة في العمل.

3- نظام الاب الروحي.

4- المسؤلية المتجهه للاعلى.

5- تحمل المسئولية للافراد العاملين.

6- ربط التقييم والترقية.

7- الاعتدال في التخصص.

7- الادارة والفكر التنظيمي والتحديات منذ1990:

تركزت جهود التطوير في هذه المرحلة، التي تعد امتداد للمحاولات والجهود السابقة على تحقيق التنمية الادارية الناجحة من خلال البناء التنظيمي السليم، ومحاولة الوصول الى تحقيق الاهداف بيسر وسهولة وتكاليف اقل، ومن ثم محاولة مواجهة المنافسة العالمية وخاصة ان انماط الاتصال بين مناطق العالم اصبحت قصيرة نتيجة الانفتاح العالمي، ونتيجة للتغير في انماط واشكال الاتصالات الادارية، فخناك تحديات عالمية تواجه المنظمات تتمثل في:

1- ثورة المعلومات.

2- الخصخصة.

3- ادارة الجودة.

4- الهندسة الادارية.

5- اتفاقية الجات.

6- المساومات الاجتماعية.

وكمثال على هذه التحديات سنتطرق الى مفهوم اتفاقية الجات، ومدى مساهمتها في التطوير التنظيمي، ان اتفاقية الجات تعني تحرير التجارة العالمية ضمن مفهوم الاقتصاد

الكوني، وهـذا يـؤدي الى زيـادة حـدة المنافسـات بـين المنظمـات، وبالتـالي يصبح البقاء_تحت هذا المفهوم_للاقوى والافضل، حيث يتطلب ذلك من المنظمات الالتزام بسلسلة المواصفات العالمية، وتطبيـق مفهوم ادارة الجودة الشاملة من اجل الارتقاء بمستويات الاداء وتحسـين نوعية المنتجات، أي ان اتفاقيـة الجات سوف يترتب عليها صراع بين المنظمات يتمثل في المنافسه القوية على زيادة حصص كل منظمة من الاسواق الامر الذي يتطلب ضرورة تطوير استراتيجيات معينة، لتخفيـف حـدة الصراع بـين المـنظمات مـن خـلال زيـادة قـدة المنظمـة عـلى المنافسـة في تطبيـق ادارة الجودة ومراجعـة اسـاليب العمـل والهيـاكل التنظيمية، ومدى قدره المنظمة على مواجهه التغيرات في البيئة المحيطة.

علاقة ادارة الجودة الشاملة في التطوير التنظيمي

يعتبر التطوير التنظيمي جهودا شاملة مخططة تهـدف الى زيـادة انتاجيـة المنظمـة وكفائتهـا وزيـادة مقدرتهـا عـلى البقـاء والاستمرار، وتسـعى ادارة الجودة الشـاملة الى الاسهـام في تحقيـق اهـداف التطـوير التنظيمي من خلال مفهوم الرضا، حيث تتمحور العلاقة بين ادارة الجودة الشاملة والتطوير التنظيمي مـن خلال الولاء والرضا الوظيفي الذي يتناول ثلاثة اتجاهات تشمل المالكين والعملاء والموظفين فتطبيـق ادارة الجودة الشاملة من خلال استخدام الامكانيات البيئية المتوافر من بشرية ومادية وتكنولوجيـة، يـؤدي الى التطوير التنظيمي، ويترتب على ذلك تحسين الاداء بشكل يحقق الرضا، وهذا الرضا يترتب عليه حصـول الولاء تجاة المنظمة الادارية الامر التي يترتب علية زيادة المبيعات، وزيادة الارباح، مما ينعكس عـلى شـكل رضا من المالكين، ويعني ذلك زيادة الاستثمار والتطوير، واستخدام اسـاليب عمـل جديدة، وتنميـة قـدرات الافراد العاملين.

لذلك نستطيع اعتبار ادارة الجودة وسيلة من وسائل التطوير التنظيمي عـن طريـق تحقيق الولاء والرضا واستبدال ثقافة تنظيمية جديدة بالثقافة التنظيمية الحالية، فتغيـير الثقافة التنظيمية يعتبر عنصر من عناصر التطوير التنظيمي وذلك من خلال نشر المعرفـة العلمية حول مفهوم ادارة الجودة والتركيـز عـلى مشاركة العاملين في كل المستويات في

حل المشكلات واتخاذ القرارات، بشكل يؤدي الى زيادة في الـولاء والانـتماء والمسـئولية وهنـا تسـتطيع المنظمة الادارية المحافظة على قدرتها في العطاء والاستمرارية والنمو والازدهار ومـن ثم النجـاح، وهـذا يعني قبول المنظمة في البيئة الموجودة فيها بشكل يعطيها القـوة مـن خـلال الشرعيـة التـي تصبح في الغالب قوة تعتمد عليها المنظمة في المستقبل.

الفصل الثاني

تفويض الصلاحيات والتطوير التنظيمي

مفهوم التفويض وأنواعه

هي عبارة عن عملية إعطاء المسؤولية ومنح السلطة اللازمة للموظف، لغرض تمكينه من استثمار مهاراته لخدمة التنظيم.

أو هو عملية ضرورية لغرض تبرير قرار تعيين الموظف الذي كان يتوسم فيه الخير، والمساهمة الفعالة لمتطلبات العمل.

وفي تعريف آخر للتفويض بأنه " نقل الرئيس الإداري بعض اختصاصاته إلى بعض مرؤوسيه، ليمارسوها دون الرجوع إليه مع بقاء مسؤولية على تلك الاختصاصات المفوضة.

كما يعرف التفويض هو أن يعهد الرئيس الإداري وفقاً لما يسمح به القانون لأحد مرؤوسيه بممارسة بعض الاختصاصات التي تدخل في مهام وظيفته التي يشغلها.

أو هو أسلوب من أساليب عدم التركيز الإداري تفادياً لمساوئ التركيز الإداري لجميع السلطات في يد الرئيس، مما يؤدي إلى كثرة ضغط العمل والبت في الأمور دون فحص ودراسة كافية، وبالتالي تعطيل العمل وإضاعة الوقت وإطالة الإجراءات وهي السمة الغالبة في النظم الإدارية المختلفة، وبهذا المعنى فإن التفويض لا يتضمن تنازلاً عن السلطة، وإنما هو عمل إرادي يتم بإرادة المفوض، ويتضمن إشراك المفوض إليه في بعض سلطاته مع الرقابة والتوجيه من جانب المفوض.

فالتفويض يتضمن في معناه مسؤولية ثنائية والشخص المفوض إليه السلطة يصبح

مسؤولاً أمام من فوضها إليه عند مباشرة الاختصاص الذي فوض فيه، ومع ذلك يبقى الرئيس مسؤولاً عن العمل الذي فوضه وعن نتائجه .

والتفويض في المجال والنشاطات الإدارية هو تلك العملية التي يتم من خلالها إعطاء الرئيس جزءاً من صلاحياته إلى المرؤوسين لكي يتمكن المرؤوس من إنجاز الأعمال المكلف بها، ومن البديهي أن يقوم المسؤول عن عملية التنظيم باتخاذ القرار على أي من المستويات الإدارية التي تجري فيها عملية التنظيم باتخاذ القرار على أي من المستويات الإدارية التي تجري فيها عملية وضع القرارات والمدى الذي يسمح فيه للمتمتعون بالصلاحية بتمرير عملية وضع القرارات من المستويات العليا إلى المستويات الأقل إنما يعكس ممارسة المدير لعملية تفويض الصلاحيات، فالغرض من التفويض هو تمكين المرؤوسين من القيام بواجباتهم وإنجاز الأعمال الموكولة إليهم لأن انعدام التفويض يخلق حالة لا يحق فيها لأي فرد في المنظمة باستثناء الرئيس القيام بأي عمل من الأعمال .

وهناك من يخلط بين مفهومي التفويض والحلول بالرغم من وجود اختلاف بينهما، ولتوضيح هذا الغموض سنقارن بين تعاريف التفويض السابقة و التعاريف حول مفهوم الحلول، فالحلول هو قيام من يحدده القانون بحكم وظيفته بممارسة كافة اختصاصات أحد شاغلي الوظائف العليا في حالة غيابه ويكون مسئولا عنها.

إلا أن التفويض لا يعني تخلي الرئيس الإداري عن سلطاته أو مسؤولياته كلياً، ولهذا فإن من ضمن صلاحيات الرئيس الإداري أن يقوم بسحب أو إلغاء الصلاحيات الممنوحة لمساعديه، ولمن فوض إليهم القيام ببعض أعماله.

وبناء على ما تقدم فإن التفويض هو مفهوم إداري يعهد بموجبه من له ولاية الاختصاص ببعض اختصاصاته إلى وظيفة أدنى من وظيفته مرتبة، ويعادل الاختصاص المفوض من قبل شاغل الوظيفة الأولى مع بقاء مسؤولية صاحب الولاية قائمة أمام رئيسه الأعلى .

نظرية التفويض

يعتبر التفويض الفعال جوهر العملية الإشرافية، حيث ينظر البعض إلى التفويض على أنه إعطاء سلطة إتخاذ القرارات إلى المستويات الدنيا في الهيكل التنظيمي، وهذا معناه أن التفويض لا يجوز لغير القادرين على القيام به، حيث انه وفقاً للهيكل التنظيمي الرسمي وحسب مفهوم التفويض هنا، فإن الشخص يعطي التفويض وفقاً للقدرات التي يتطلبها المستوى الوظيفي، وبذلك لا يجوز لأي مشرف أن يعطي أي تفويض إلى شخص آخر لا يكون قادراً على اتخاذ القرارات، وهذا يتطلب أن يكون لدى المشرف فكرة جيدة عن كل يملك المرؤوسون من مهارات وقدرات على تحمل المسؤولية .

وبالرغم من أن نظرية التفويض تفيد بأن المديرين غير فعالين إذا كانوا يتخذون القرارات التي بإمكان من هم أدنى منهم مرتبة اتخذها، مما يجعلها ذات علاقة بعمليات اتخاذ القرارات، إلا أنه ينظر إلى النظرية من خلال تحديد المشرف لمهام وواجبات معينة للمرؤوسين، ويكون التفويض وفقاً لهذه النظرية من وقت إلى آخر أو بصفة دائمة، حيث إن المشرف يعتبر المرؤوس قادراً على القيام بهذه المهام .

ويعتمد نجاح المديرين على ما يتوافر لديهم من مهارات وقدرات في عمليات التنظيم من تخطيط، ورقابة وتنظيم، وقيادة، فالنظريات التقليدية في الفكر الإداري تعالج موضوع التفويض على أنه من الأمور المستجدة، كون المدير يمتلك كل الصلاحيات في إدارة الأمور والعمليات داخل التنظيم، وعلى العاملين القيام بالإنجاز وفقاً للتعليمات، كما في الشكل التالي:

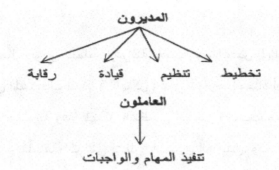

المديرون

تخطيط   تنظيم   قيادة   رقابة

العاملون

تنفيذ المهام والواجبات

أما الفكر الإداري الحديث فينظر إلى أنه يجب تفويض كل فرد في التنظيـم قدراً من السلطة وإعطائه فرصة إدارة عمله بنفسه.

المدير

يقود

والعاملون يتولون

التخطيط والتنظيم والتنفيذ

والرقابة

فالتنظيم هو روح الإدارة، وهو الأداة اللازمة لتحقيق أهدافها، ومما يزيد أهمية التنظيم أنه عملية تتسم بالاستمرار والتجدد والـدوام، وهـو عمليـة متطورة، وتختلـف أهميـة التنظيم بـاختلاف طبيعـة المنظمات وأهدافها وتنوع نشاطاتها وحجم الخدمات التي تؤديها ودوائر العمل وضيق أو اتساع الطاقات المادية والبشرية المخصصة لها، ويكون نطاق الإدارة في التنظيم محدداً، إذ لا يستطيع المـدير القيام بمفرده بتنفيذ سياسات التخطيط والتنظيم والمتابعة والرقابة ومباشرة جميع سلطاته، ذل يجب أن يعهد ببعض هذه الصلاحيات إلى المرؤوسين الذين يشرفون عليهم .

فالتفويض هو جزء من التنظيم، حيث يلي تحديد الأهداف والسياسـات والخطـط

تفويض السلطة التي تصاحب هـذه الإجـراءات، فـالرئيس الأعـلى يسـتطيع في بعـض الأوقـات أن يفـوض صلاحيات معينة إلى الأفراد العاملين بدلاً من أن يقـوم بكـل صـغيرة وكبـيرة، وبـذلك يسـتطيع أن يضـاعف نشاطه، ويطور مهاراته وقدراته.

وتدل الأدبيات على أن نطاق الإدارة يتحدد طبقاً لأبعاد معينة، مثـل الوقـت، والشخصـية، والنشـاط، والمعلومات المتوفرة، فبعد الوقت يحدد الأعمال التي يمكن أن يحققها القائد في فترة زمنية معينـة، ونطـاق الشخصية والنشاط يحددان عدد العاملين الذين يمكن أن يؤثر فيهم بحماسـة وفعاليـة، ونطـاق معلوماتـه يحدد ما يمكن أن يستوعبه من موضوعات، وبناء عليه وعلى ضوء الأبعاد سالفة الذكر يمكـن التعـرف عـلى مدى ما يمكن للقائد أن يقوم به، وما يمكن أن يتركه لغيره من أعمال معينة على أساس التفويض.

أهداف التفويض

للتفويض كعملية إدارية آثار إيجابيـه عـلى الأداء الـوظيفي والإنجـاز، وتتمثـل هـذه الآثـار بتحقيـق الأهداف التالية :

1- إعطاء الفرصة الكاملة للرئيس الأعلى للقيام بمهامه الأساسية :

إن تفويض الرئيس الأعلى لجزء من الصلاحيات والسلطات الممنوحة له إلى المرؤوسين الأكفاء يسـاعده على مراقبة كل ما يدور في التنظيم من أنشطة وعمليات، ومراقبه بشـكل يمكـن الـرئيس مـن رصـد جميـع العمليات التنظيمية، أضف إلى ذلك ما يتوافر له مـن وقـت وجهـد يسـتطيع بـذلهما في دراسـة العمليـات الأساسية للتنظيم والمتعلقة بالتطوير والتنمية والإشراف والتوجيه والتنسـيق والتخطـيط ورسـم السياسـات ومتابعة وتنفيذ أهداف التنظيم الإداري .

2- إتاحة الفرصة للإبداع والابتكار :

يعني التفويض تنمية مهارات وقدرات الأفراد الإبداعية والإبتكارية فعند تفويض القيام بواجبات معينه إلى بعض الأشخاص، فإنهم سينجزونها بصـورة أفضـل عـما هـو

متبع في الطرق العادية، ويكون للتفويض كعملية إدارية القدرة على اكتشاف هـذه القدرات وتنميتها وتطويرها .

3- تخفيض التكاليف :

تساهم عملية التفويض في اتخاذ القرارات في تخفيف التكاليف المادية والمعنوية، وتساعد على الإسراع في الإنجاز وتقلل الكثير من الإجراءات الروتينية، وبالتالي في خفض قيمة المواد المستهلكة والتقليل من الاستهلاك في الآلات، وكذلك الأفراد والأجور

4- تنمية المرؤوسين وإعدادهم لتحمل المسؤولية :

إن التفويض هم مشاركة المرؤوسين في اتخاذ ورسم السياسات اللازمة لاستمرارية نشاط التنظيم، ويعني ذلك إعدادهم لتحمل مسؤولية ما هم مقدمون على القيام به بالإضافة إلى شعورهم بالرضا والحماس، ومن ثم الـولاء والانتماء للتنظيم، فالتفويض بهذا المفهوم يساعد المرؤوسين على تنمية مهاراتهم عن طريق الخبرة بشـؤون الأفراد وشؤون التنظيم، مـما يترتب عليه إعداد قيادات إدارية مستقبلية تتحمل المسؤولية، وتحافظ على استمرارية البناء التنظيمي .

5- تقوية العلاقات الإنسانية بين أعضاء التنظيم الإداري :

إن التفويض يعني الثقة في قدرة المرؤوسين على تحمل المسؤولية والقيام بالوجبات المطلوبة، وهو بهذا المعنى تعبير عن حاجة يسعى الأفراد إلى إشباعها بالواجبات عن طريق اعتراف الآخرين بقدراتهم وقبولهم لهم، الأمر الذي ينعكس علـى هـؤلاء الإفـراد بصـورة إيجابية، تتمثل في زيادة الأداء والانتماء للتنظيم وأن الفرد هو عضو فعال في بيئة عمله وفي مجتمعه، وبالتالي فإنه سيقدم كل الاحتـرام والتقـدير لرئيسه الأعلى ولإدارته، وتسود بذلك روح الفريق والولاء والاعتزاز بالانتماء لمثل ذلك التنظيم .

أشكال التفويض

تعددت تقسيمات التفويض فهو عدة أنواع منها

1- التفويض إلى الأسفل :

أي إعطاء بعض المرؤوسين سلطات معينه من قبل الرئيس الأعلى للقيام بها .

2- التفويض إلى الأعلى :

يكون هذا الشكل من التفويض عكس ما هو معمول به في التفويض إلى الأسفل حيث يتم إعطاء صلاحيات جديدة من قبل أعضاء التنظيم أو مجالس الإدارة كما هو في القطاع الخاص إلى الرئيس الأعلى لكي يتولى القيام بها بصورة كاملة ويحق له ممارسة كل الصلاحيات المعطاة .

3- التفويض الجانبي :

يمارس هذا النوع من التفويض على مستوى الرؤساء أصحاب الاختصاص بما في ذلك سلطاتهم المركزية المختصة .

4- التفويض المباشر وغير المباشر :

يترتب على التفويض المباشر إعطاء الصلاحيات والسلطات أو جزء منها إلى المرؤوسين بصورة مباشرة ودون تدخل طرف ثالث أي مخاطبة الرئيس الأعلى لمن هم دونه مباشرة، ولكن في حالة التفويض غير المباشر، وهذا قليلاً ما يتم تطبيقه فإنه يمكن أن يتم تفويض من الصلاحيات والسلطات إلى شخص عن طريق تدخل طرف ثالث، لإعطائه والسماح له بمباشرة عملية التفويض .

5- التفويض الرسمي وغير الرسمي :

يكون التفويض رسمياً حينما يتم إعداده وفقاً لقواعد قانونية وأنظمة مكتوبة وبشكل متعارف عليه، ولكنه يكون غير رسمي، حينما لا يخضع للأنظمة والقواعد القانونية، بل يكون مبنياً على الأعراف والعادات والتقاليد .

6- التفويض المشروط وغير المشروط :

يكون التفويض مشروطاً عندما يتطلب قبل إجرائه ضرورة موافقة ومراجعة الرئيس الأعلى للمرؤوس (المفوض)، للقيام بممارسته على أرض الواقع ويكون التفويض غير مشروط عندما يكون المرؤوس (المفوض له) حراً في البدء بممارسته دون أخذ موافقة ومراجعة الرئيس الأعلى .

7- التفويض الجزئي الكامل والجزئي غير الكامل :

يبقى التفويض جزئياً، لأن التفويض الكامل يعتبر نزولاً عن الاختصاصات من جانب الرئيس، وهو أمر غير مشروع .

8- التفويض العام والخاص :

ان التفويض العام يتمثل في إعطاء الرئيس الأعلى مجموعة من الاختصاصات ذات المهام والواجبات التي تحتاج إلى سلطات معينة للمرؤوس، ولكن دون أن يترتب على ذلك تفويض مطلق أو كامل بل تفويض عام محدد في بعض المجالات، أما التفويض الخاص فهو إعطاء الرئيس الأعلى للمرؤوس سلطات من أجل تنفيذ مهمة معينة.

9- التفويض المؤقت والدائم :

يكون التفويض أحياناً مؤقتاً لظروف طارئة ولفترة زمنية معينة، حيث ينتهي التفويض بانتهاء الوقت المحدد له، أما التفويض الدائم فيبقى سريانه إلى حين صدور قرار من الرئيس الأعلى بإنهائه .

10- التفويض البسيط والمركب :

التفويض البسيط هو تلك الحالة التي يقوم بموجبها الرئيس الأعلى بتفويض جزء محدد من اختصاصاته لشخص ما، بينما يعني التفويض المركب تفويض الرئيس الأعلى لجزء كبير من اختصاصاته لعدد من الأشخاص يقومون بذلك مشتركين .

مراحل عملية التفويض

هناك مجموعة من المراحل التي تحتاجها عملية التفويض، لكي يكون التفويض على درجة كبيرة من النجاح والفعالية هذه المراحل تتضمن ما يلي :

أولاً: التحليل الوظيفي :

تحتاج عملية التفويض الناجحة إلى اعتماد المنهجية العلمية، كالتحليل الوظيفي الذي يقوم بـإجراء الوصف الوظيفي والمواصفات الوظيفية، وتحديد الواجبات والمسؤوليات والاختصاصات والوظائف التـي يحتاج إنجازها إلى التعاون بين أكثر من فرد أو قسم، ويتطلب القيـام بالتحليـل الـوظيفي مـن المـدير أن يوضح بصورة دقيقة الأهداف والنتائج المتوقعة، وما يقوم به، وهل يستطيع أي إنسان أن يقوم بما يقوم به المدير وهل هناك إمكانية لتدريب أشخاص آخرين ؟ هذه الأسئلة والاستفسارات على المدير أن يقـوم بالإجابة عليها بصورة واضحة من خلال قيامـه بالتحليـل الـوظيفي حتـى يستطيع الإقدام علـى عمليـة تفويض ناجحة .

ثانياً : تحديد ما يمكن تفويضه للمرؤوسين :

يلاحظ هنا أن المدير لا يستطيع تفويض كل صلاحياته واختصاصاته، ولكن هنـاك بعـض الجوانب المتعارف عليها، والتي يمكن للمدير أن يفوضها للمرؤوسين منها :

1- بعض جوانب العمل التي لا يرغب المدير في القيام بها .

2- القرارات المتعلقة بمهام تتكرر في العمل .

3- المهام التي تجعل المدير متخصصاً تخصصاً دقيقاً، وتبعده عن تكوين صورة عامة عن العمل .

4- بعض المجالات التي يرغب المدير في تطوير مهارات المرؤوسين فيها .

5- المجالات التي يكون فيها المرؤوسين مبدعين ومؤهلين .

ثالثاً : تخطيط تفويض الصلاحيات :

للقيام بتفويض بعض الصلاحيات يجب على المدير أن يراعي الأمور التالية :

1. توضيح حدود معايير الأداء الوظيفي وتحديدها .
2. معرفة العمل معرفة شاملة من خلال عمليات التحليل الوظيفي .
3. دراسة التفاصيل في العمل والقرارات المتعلقة بالعمل.
4. تحديد وسائل الرقابة الفعالة والعمل على تطبيق نظام رقابي فعال .

رابعاً: اختيار الأشخاص ذوي الكفاءات والمؤهلين للقيام بعملية التفويض :

يترتب على المدير أن يراعي في اختيار الأشخاص الذين سوف يفوض إليهم صلاحية أو جزء منها أن يكونوا ذوي كفاءات عالية ومهارات تؤهلهم للقيام بمسؤولية التفويض، ولكن بالرغم من ذلك على المدير أن يراعي الأمور التالية في اختيار الأشخاص المناسبين :

1. مدى حاجة الشخص إلى تفويض الصلاحيات .
2. القدرات والمؤهلات والاستعدادات .
3. مدى ما ينطوي عليه التفويض من تحد للشخص المفوض إليه .

خامساً : القيام بعملية التفويض :

هنا يجب مراعاة الأمور التالية عند القيام بعملية التفويض :

1. الاهتمام بعملية الاتصال وتشجيعها بين طرفي الاتصال .
2. تحديد النتائج المتوقعة وتحديد الأولويات من الأشخاص، والذين سيتم

التفويض إليهم ومسؤولياتهم .

3. تحديد المدى للسلطات المعطاة في التفويض .

4. بيان أهمية العمل المفوض للشخص أو المرؤوس .

سادساً : المتابعة :

حتى تكون عملية متابعة التفويض ناجحة، لا بد من مراعاة ما يلي :

1. تشجيع المرؤوسين على الاستقلال في اتخاذ القرارات .

2. ضرورة وصول المعلومات اللازمة للرقابة إلى المدير في الوقت اللازم .

3. السرعة في اتخاذ الإجراء إذا تطلب الأمر ذلك .

4. إعطاء أهمية للنتائج .

5. ضرورة قبول المدير الاختلاف في وجهات النظر مع المرؤوسين .

6. ضرورة التأني قبل سحب الصلاحيات المفوضة إذا وقع خطا ما .

7. مكافأة المفوض إليهم الذين يمارسون الأعمال المفوضة بصورة ناجحة .

الشروط الواجب توافرها في التفويض الفعال

من اجل القيام بعملية التفويض كعملية إدارية فعالة وناجحة وقادرة على تحقيق الغرض منها، لابد من توافر شروط عديدة ليس فقط في الكفاءات البشرية، وإنما في عملية التفويض نفسه بكل جوانبه ومن هذه الشروط:

1- التفويض لا يكون جزئياً :

يجب أن يكون أحد أهداف التفويض تخليص الرئيس الأعلى من الكثير من الأعباء والإجراءات الإدارية اليومية التي تشغله، وتأخذ كل وقته حتى يستطيع التفرغ إلى

الأعمال الأخرى، مثل التخطيط والإشراف والرقابة، فالتفويض يجب أن لا يتضمن كل الاختصاصات، وإنما بعض الصلاحيات والسلطات التي قد يساعد تفويضها على تحقيق الكفاءة والفعالية والاستمرار .

2- لا تفويض للمسؤولية :

إن تفويض الرئيس الأعلى لجزء من صلاحياته واختصاصاته لا يعني تخلي الرئيس عن مسؤولية الأعمال التي أعطى بها تفويضاً لبعض المرؤوسين، فالرئيس يقوم بتفويض جانب من سلطاته بصفة مؤقتة مع بقاء مسؤوليته كاملة .

3- عدم تفويض ما تم تفويضه :

لا يجوز للمرؤوس الذي فوضت إليه بعض الصلاحيات أن يقوم بإعادة تفويض السلطات التي انتقلت إليه إلى مرؤوسين أدنى منه من حيث المستوى الإداري .

4- وضوح حدود التفويض :

أي تمتع التفويض بالوضع القانوني السليم وأن يتم كما حدده القانون، وعلى المفوض إليه بعض الصلاحيات أن يلتزم هو، وكذلك الرئيس الأعلى بالجوانب القانونية للحفاظ على شرعية عملية التفويض .

5- حق الرئيس في تعديل السلطات المفوضة أو استردادها :

يمكن للرئيس الأعلى بعد إعطاء التفويض في بعض الصلاحيات والسلطات إلى المرؤوسين القيام بمراقبة مرؤوسيه وتوجيههم وإرشادهم إلى كيفية ممارستهم للسلطة، ويحق له بعد عمليات الرقابة والإرشاد إذا رغب أن يعدل من السلطات المفوضة، لكن لا يجوز للرئيس بعد عملية التفويض إلى المرؤوسين أن يتدخل، ويمارس السلطات والصلاحيات التي قام بتفويضها إليهم .

6- أن يتضمن التفويض الاختصاصات والأعمال التي على درجة كبيرة من التجانس والتشابه والتكامل

بشكل يساعد على تحقيق عملية التنسيق بينها .

7- قانونية التفويض :

لا يوجد تفويض بدون نص، وهنا يلاحظ ما يلي :

1. يجوز للمفوض أن يمنح تفويضه أو أن يرجع عنه في أي وقت يشاء لأن التفويض عمل اختياري يمارسه المفوض بكل إرادته .

2. لا يجوز التفويض، إلا في المسائل التي حددها القانون أو النظام .

3. لا يجوز التفويض، إلا إذا أجازته القوانين أو الأنظمة المرعية، لأن عدم التفويض هو القاعدة والتفويض هو الاستثناء، وكل تفويض لا يستند إلى فعل يجيزه مصيره الإبطال.

4. لا يجوز التفويض إلا لمن حددهم القانون أو النظام .

5. لا يجوز تفويض الصلاحيات التي أعطيت لسلطة بموجب القانون أو النظام .

8- علنية التفويض :

وتتضمن علنية تفويض السلطة أمرين :

1. أن يكون تفويض السلطات مكتوباً وليس شفوياً وأن يتضمن الصراحة في محتواه وليس ضمنياً، ولكن يجوز في بعض الحالات أن يكون التفويض شفوياً إذا أجازت النصوص القانونية ذلك .

2. أن يتم نشر التفويض بالجريدة الرسمية، وأن يتم الإعلان عنه بطريقة رسمية وواضحة، فالإعلان عنه عملية ضرورية لإضفاء الصفة الشرعية عليه،

كخطوة مكملة لشرعية عملية التفويض .

متطلبات التفويض الفعال

هناك متطلبات ضرورية يجب توافرها حتى تتم عملية التفويض بصورة سليمة وفعالة، وتعتبر ضرورية وإجبارية لكي تعطي التفويض المقومات الهادفة لإنجاحه، من هذا المتطلبات ما يلي :

أولاً : أن يتم تحددي الواجبات والوظائف تحديداً واضحاً وليس عاماً، وأن تتمتع بدرجة كبيرة من الدقة والوضوح وليس الغموض، فهذا العمل يتطلب ضرورة إجراء التحليل الوظيفي الكامل لكل المستويات الإدارية، حتى تتضح العلاقة بين الإدارة العليا والمرؤوسين، أضف إلى ذلك أنه يتطلب من المدير أن يكون على درية وعلم بالمهام والمسؤوليات حتى يكون على معرفة بالأمور التي يمكن تفويضها، والأمور التي يصعب تفويضها لوجود تأثير لها على أهداف التنظيم وسياساته، ولكن يلاحظ هنا أن المدير قد يواجه صعوبة كبيرة في العمل على تصنيف هذه الوظائف، نتيجة لاختلافها واختلاف بيئاتها وظروفها .

ثانياً : الثقة التي يتمتع بها المدير : هنا يتفاوت المديرون أو الرؤساء في درجة الثقة والمصداقية بمرؤوسيهم فيما يتعلق بالتفويض، فهنالك بعض الرؤساء الذين يهابون التفويض، نتيجة لعدم وجود درجة عالية من الثقة بالمرؤوسين أو لعجزهم وعدم قدرتهم على تطبيق الوسائل الرقابية المناسبة، نتيجة لتدني مهاراتهم الإدارية والقيادية، أو لوجود شعور عند بعض المديرين بأن التفويض يتضمن تقليل أهمية المديرين أو الرؤساء أمام المرؤوسين، بينما يعتقد بعض الرؤساء من ناحية أخرى بأن المرؤوسين لا يتوافر بينهم أشخاص مناسبون أو قادرون على القيام بالتفويض .

ثالثاً : ضرورة الاختيار المناسب للمرؤوسين الذين سنفوض إليهم السلطات :

على الرئيس أن تكون لديه القدرة على اختيار الأشخاص المناسبين للقيام بالمهام التي سوف يتم تفويض أدائها إليهم، وأن تتوافر لديهم المعرفة بأن هؤلاء المرؤوسين على قدر كبير من المسؤولية والحرص والاطلاع، وأن استخدامهم للتفويض لن يخرج عما هو متفق عليه، إن عملية البحث عن الأكفاء من المرؤوسين عملية شاقة يواجه بعض الرؤساء صعوبات كبيرة فيها، تتمثل في رفض بعض المرؤوسين قبول التفويض خوفاً من المسؤوليات التي ستترتب على ذلك، أو نتيجة لعدم وجو أنظمة حوافز جيدة تشجع المرؤوسين على الإقدام وقبول هذا التحدي .

رابعاً : كفاءة أنظمة الاتصالات بين الرؤساء والمرؤوسين داخل التنظيم.

يتطلب التفويض الناجح توافر أنظمة اتصال واضحة ومفتوحة بين الرؤساء والمرؤوسين، فكلما توفرت هذه المتطلبات كلما تشجع الرئيس على القيام بتفويض السلطات إلى غيره من المرؤوسين لتحقيق الأهداف وإنجازها، فالتفويض الفعال يتطلب ضرورة تدفق المعلومات بصورة سليمة تساعد على فهم الأمور والوقوف عليها بصورة أفضل .

خامساً : نطاق الإشراف المناسب :

أي العدد المناسب من الأفراد العاملين الذين يستطيع المدير أن يتولى الإشراف وممارسة العملية الإدارية عليهم بنجاح من حيث الوقت والتوجيه والرقابة، وأن لا يتجاوز هذا العدد قدرات المدير المتوافرة، والجديد بالذكر أن أدب الإدارة لم يحدد العدد المثالي الذي يستطيع المدير أن يشرف عليه، فهناك متغيرات كثيرة تؤثر على عملية الإشراف منها:

1- طبيعة الأعمال .

149

2- طبيعة المرؤوسين وقدراتهم .

3- طبيعة الرئيس وقدراته .

4- المناخ التنظيمي .

المعوقات والمشكلات التي تواجه عملية التفويض

تتفاوت المعوقات التي تواجه عملية التفويض وتتعدد أبعادها، وتقسم العوامل المتعلقـة بهـذه المعوقات إلى:

أولاً : العوامل المتعلقة بالرئيس الإداري :

تعتبر مقاومة الرئيس للتفويض من المعوقات، ويتمثل ذلك:

1- الرئيس الذي تنقصه الخبرة العملية يبقى في حالة تردد فيما يواجهه من اتخاذ قرارات، وهذا التردد يعتبر من المعوقات التي تواجه عملية التفويض .

2- التردد في ممارسة التفويض من قبل الرئيس، ويعود لعدم توافر الخبرة لـدى الـرئيس، ولعـدم وضوح الرؤية أمامه، حيث تتشكل اعتقادات عند بعض الرؤساء بأن هناك بعض المنافسـين لهم، فيتولد لديهم شعور بعدم الأمام تجاه المستقبل، بالإضافة إلى الخـوف مـن حـدوث أخطاء أو عيوب نتيجة للتفويض .

3- عدم وجود ثقة من الرئيسي بالمرؤوسين، وعدم وجود نضوج فكري لدى بعض الرؤساء نتيجة لحسابات خاطئة تتكون من معتقدات وأفكار غير صحيحة، أضف إلى ذلك أن هناك رؤساء يخافون من تمرد بعض المرؤوسين، وبالتالي نرى أن النتيجة السلوكية لكل هـذه الاعتقـادات من قبل الرؤساء هي إيقاف عملية التفويض بغض النظر عن الآثار المترتبة على ذلك .

4- عدم الإلمام بمبادئ الإدارة وتدني المستويات الثقافية لدى بعض الرؤساء .

150

5- رغبة الرؤساء في الاستئثار والظهور بمظهر القوى، كي يرجع إليهم المرؤوسون في كل تصرف نتيجة لعدم تفويض الصلاحيات.

ثانياً : العوامل المتعلقة بالمرؤوسين :

تتمثل المعوقات المتعلقة بالمرؤوسين وتؤثر في عملية التفويض أو تعمل على إعاقتها بما يلي :

1- عدم توافر حوافز فعالة بعد إنهاء عملية التفويض تعمل على دعم السلوك الناجح الذي قام به المرؤوس، ونتيجة لذلك فإن المرؤوسين يحجمون عن قبول عملية التفويض .

2- عدم توافر أنظمة معلومات كاملة تشجع على إنجاح عملية التفويض.

3- عدم توافر الخبرة الكافية في الشخص المفوض ليه، وعدم استخدام المنهجية العلمية، فيما يتعلق بدرجة ملاءمة الشخص المفوض إليه من حيث القدرات والمهارات وكذلك الاختصاص .

4- عدم ثقة واطمئنان المرؤوسين للرئيس الأعلى حول ردود فعله في حالة ارتكاب بعض الأخطاء نتيجة للقيام بعملية التفويض .

5- ضعف الثقة بالنفس لأسباب صحية أو نفسية أو اجتماعية .

كما ان الشخص المفوض إليه الذي لا يثق بنفسه بقدرته على إنجاز ما فوض إليه، ويظل متردداً ومتشككاً في معظم أعماله مما يترتب عليه إعاقة العملية التفويضية، يضاف إلى ذلك أن الشخص المفوض إليه قد يكون عاجزاً صحيحاً عن القيام بالاختصاصات الجديدة المفوضة إليه خاصة إذا كانت هذه المواقف يحتاج في تنفيذها إلى المزيد من الحركات والتنقل والجهد البدني، أو قد يكون المفوض إليه عاجزاً نفسياً خاصة في المواقف التي يحتاج تنفيذها إلى صبر وقوة احتمال وضبط نفس .

هذه هي المعوقات التي تواجه عملية التفويض من خلال قيام كل مـن الـرئيس والمـرؤوس بـدوره الوظيفي، وقد تتفاوت أهميتها من موضوع إلى موضوع ومـن بيئـة تنظيميـة إلى بيئـة تنظيميـة أخـرى، ونتيجة لأهمية الحـديث عـن المعوقـات في هـذا الجانـب، تصدي الكتـاب والبـاحثون إلى دراسـة هـذه المعوقـات والوقـوف عـلى أسـبابها، ومـن ثـم محاولـة إيجاد الاستراتيجيات الراميـة إلى التخلف منهـا، فالمعوقات التي يكون مصدرها دور الرئيس الأعلى الوظيفي يمكن استخدام إحدى الإستراتيجيات التالية للتخفيف منها :

1) العمل على توافر أنظمة اتصال ورقابة فعالة، أي أن تكون العمليات التنظيميـة عـلى قـدرة كبـير من الوضوح والفعالية بشكل يسهل عملية التفويض .

2- ضرورة العمل على تدريب الرؤساء لتنمية مهاراتهم في مختلف العلميات الإدارية، وخاصة عملية التفويض الإداري، والتأكد من توافر الفهم الكامل لدى الرؤساء لعملية التفويض، وما يتصل بهـا من جوانب متعددة وما يمكن من سرعة وكفاءة وفعالية في إنجاز الأعمال .

3- عدم اختيار الرؤساء الإداريين وفقاً للأسس عاطفية أو اجتماعية، بل يجب اعتماد الأسس العلمية في عملية الاختيار، وأن يتم تحديد الملامح والصفات الواجب توافرها في الرئيس الأعـلى، هـذه الملامح تتضمن الخبرة العلمية والعملية والقدرة عـلى اتخـاذ القـرارات، وضرورة تـوافر خاصـية سعة الأفق والرؤى الواسعة، والنضوج الذهني والعاطفي والفكري .

أما فيما يتعلق بالإستراتيجيات الواجب مراعاتها للتخفيف من معوقات التنظيم الناتجة عن الـدور الوظيفي للمرؤوسين فتتمثل في :

1- العمل على تعليم وتدريب المرؤوسين في العمل الإداري، بهـدف زيـادة كفـاءتهم وتنميـة مهـاراتهم وذلك للحصول على الخبرة الجيدة اللازمة لإنجاز الأعمال .

2- العمل على احترام المرؤوسين ومشاركتهم في أنشطة اجتماعية وثقافية، وتحسين العلاقات الإنسانية بهدف زيادة الثقة المتبادلة .

ثالثاً : العوامل المتعلقة بالتنظيم :

تتحدد المعوقات المتعلقة بالجانب التنظيمي بما يلي :

1- تحديد الاختصاصات الوظيفية :

وذلك بإستخدام الوصف والمواصفات الوظيفية لتحديد كل الوجبات والمهام المسؤوليات المتعلقة بكل وظيفة، وبالتالي يصبح من السهل على الموظف معرفة ما هو مطلوب منه القيام به .

2- تحقيق الاستقرار الوظيفي :

إن وجود الإستقرار الوظيفي يزيد الثقة بين الرئيس والمرؤوس في القيام بعملية التفويض، نتيجة الاطمئنان لكفاءة المرؤوسين وكفاءة البيئة التنظيمية، الأمر الذي سيؤدي إلى زيادة في الإنجاز والكفاءة والفعالية .

3- وضوح الأهداف :

يجب أن تكون المنظمة واضحة الأهداف كي يستطيع الرئيس والمرؤوس العمل بوضوح ومعرفة، خاصة فيما يتعلق بالتفويض .

4- ضرورة توافر أنظمة اتصال ورقابة إدارية جيدة :

كلما كانت البيئة التنظيمية تتمتع بدرجة كبيرة من الجودة في أنظمة الاتصال والرقابة، كلما كان بالإمكان تطبيق عملية التفويض الفعال بكفاءة عالية .

5- وضوح خطوط السلطة داخل التنظيم :

يعتبر وضوح خطوط السلطة الرسمية ضرورياً لبيان درجة الترابط والمرجعية بين

المستويات الإدارية، وهذا يساعد الرئيس والمشرف بدرجة كبيرة في معرفة المرؤوسين وتوضيح خطوط الاتصال، ودعم مبدأ وحدة الأمر، لتجنب الازدواجية والتضارب بين الرؤساء .

العوامل المساعدة على إنجاح عملية التفويض

هناك الكثير من العوامل المساعدة على إنجاح عملية التفويض، منها ما يلي :

1- تطوير وتحديد أنظمة الاتصالات الإدارية .

2- تطابق السلطة مع المسؤولية .

3- وحدة الأمر .

4- عدم الإساءة في استخدام أنظمة الرقابة .

5- التوزيع المناسب للموارد البشرية .

6- التعريف والتحديد الواضح للسلطة والمسؤولية .

7- تطبيق أنظمة حوافز فعالة وناجحة .

8- المعاملة الحسنة للمرؤوسين .

9- مراعاة التخصص في الأعمال .

10- تنمية الثقة، ورفع الروح المعنوية .

11- إعطاء الفرصة الكافية للمرؤوسين، لتطوير أنفسهم .

تقنيات التدخل للتطوير التنظيمي

هنالك أنواع وسائل التدخل، منها وسائل التدخل على مستوى، ما يلي :

أولاً: وسائل التدخل على مستوى الفرد :

1- أسلوب تدريب الحساسية :

حيث يهدف لفهم حقيقة دوافع واتجاهات الأفراد في العمل .

مزايا تطبيق هذا الأسلوب :

– تنمية مهارة الفرد على الاستماع لوجهات نظر الآخرين واحترام آرائهم .

– يساهم في زيادة انفتاح الفرد على الآخرين، وتقبله لهم بما هم عليه من اختلاف وتناقض في الدوافع، والانفعالات والمشاعر.

– مدى تأثير الفرد على سلوك الآخرين، ومدى تأثير سلوكهم عليه .

– زيادة حساسية الفرد للقوى المحركة للتغيير في الجماعات والأفراد.

2- أسلوب التخطيط الوظيفي(المهني):

هي عبارة عن سلسلة متعاقبة من التغيرات الوظيفية التي تحدث في حياة الموظف العملية، تكون مرتبطة بالتقدم الوظيفي والنجاح في العمل مصحوباً :

1- تحمل مسؤوليات أكبر .

2- الحصول على أجر أعلى (مادية).

3- مكانة وظيفية، وربما اجتماعية، أفضل (معنوية).

اتجاهات الأفراد نحو المسار الوظيفي

أوضحت الدراسات وجود خمسه اتجاهات للأفراد، وهي اتجاهات مرتبطة بـ :

1- القدرة الإدارية .

2- القدرات الفنية أو الوظيفية .

3- الأمن .

4- الإبداع.

5- الاستقلال .

ولكن هل بإمكان الموظف تغيير مساره الوظيفي:

1- لا يعد التغيير او النقل عملاً غير مقبول، سواء للموظف او المنظمة

2- وفي الغالب يميل الموظف الى تغيير مساره لعدة اسباب منها :

- وجود وظيفة افضل مستقبلاً.

- انخفاض الدافع الى الانجاز.

- عدم العدالة في توزيع الاجور.

- انخفاض الرضا عن العمل .

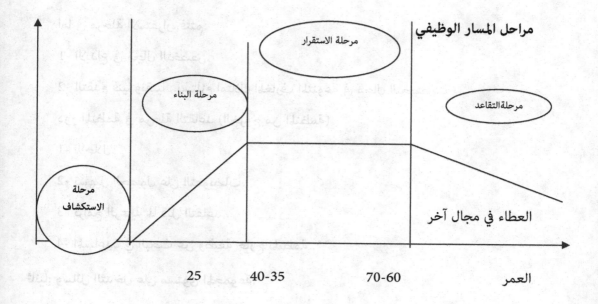

مراحل المسار الوظيفي

- مرحلة الاستقرار
- مرحلة البناء
- مرحلة التقاعد
- مرحلة الاستكشاف

العطاء في مجال آخر

العمر   25   40-35   70-60

دور المنظمة في كل مرحلة (في مرحلة الاستكشاف)

- توفير علاقات جيدة مع العاملين.

- استخدام ممارسات جيدة في التوظيف (طلب التوظيف- الاختبارات- المقابلات)، حيث انه في

مرحلة البناء، تتم:

1- توفير وظيفة ومناخ عمل مناسب.

2- توفير وصف وظيفة متكامل.

3- تأهيل الموظف.

4- التدوير الوظيفي.

5- مراجعة التوافق بين الفرد والوظيفة.

157

اما في مرحلة الاستقرار، فتتم:

1- الابداع في مجال التخصص.

2- التقدم فنياً وتقنياً : يستلزم امتلاك المعارف المتنوعة في مجال التخصص.

دور المنظمة في مرحلة التقاعد (الخروج من المنظمة)

1- الاحلال.

2- تسهيل الحصول على التعويضات.

3- برامج الرعاية لما قبل التقاعد .

4- المساعدة في البحث عن وظيفة خارج المنظمة .

ثانياً: وسائل التدخل على مستوى المجموعة:

1- بناء الفريق   .

2- تحليل ضغوط العمل.

1) تدخلات بناء الفريق :

1- يهدف إلى تغيير ثقافة وقيم الأعضاء المشاركين للتعرف على خبرات عملية، تنعكس إيجاباً على السلوك .

2- يحفز الأفراد للانتماء إلى جماعة العمل فيعزز الاتجاهات السلوكية الإيجابية .

2) تحليل ضغوط العمل :

لقد عرف لوثانز ضغط العمل بأنه استجابة متكيفة لموقف، أو ظرف خارجي ينتج عنه اضطراب جسماني، نفسي، وسلوكي لأفراد المنظمة، أحد الأمثلة على ضغوط العمل- الاحتراق الوظيفي.

مفهوم الاحتراق الوظيفي

هي حالة يصل إليها الموظف يفقد فيها الرغبة في العمل، علاوة على تدني الانتاجية والتطوير في أداء أعماله، وعادة ما تصيب الفرد عندما يمكث في عمله بدون أي تغيير أو تطوير من مدة سبع سنوات وأكثر.

أعراض الاحتراق الوظيفي

1- فقد الثقة بالآخرين ويصف جميع من حوله بالأنانية.

2- الشعور بالإرهاق وفقدان الأمل والإجهاد النفسي والشعور بالفشل والتوتر والثورة لأتفه الأسباب.

3- الرغبة في النوم طوال الوقت .

4- كثرة الخلافات مع زملاء العمل .

5- محاولة تجنب المناسبات الاجتماعية .

الفرق بين ضغط العمل وبين الاحتراق الوظيفي

1- أن الاحتراق الوظيفي قد يكون نتيجة لضغوط شديدة، إلا أن المصابين بضغوط العمل يشعرون بتحسن إذا استطاعوا السيطرة على مسببات الضغوط بخلاف الاحتراق الذي يشعر فيه الشخص بالفراغ، ويفقد الرغبة في بذل أي مجهود، كما أنه لا يرى أي أمل في تحسن الوضع.

2- أن الشخص عندما يكون تحت ضغط عمل شديد يشعر بذلك، بينما في حالة الاحتراق لا يشعر الشخص بحقيقة حالته.

3- أن الموظف عندما يشعر بضغط العمل فذلك يعني أنه يهتم كثيراً للعمل الذي يؤديه، بينما الموظف الذي يعاني الاحتراق لا يكترث لعمله.

كيف نتفادى الاحتراق الوظيفي

1- التقرب إلى الله والمحافظة على الجوانب الروحية .

2- بادرت العديد من الشركات والبنوك في الدول الصناعية الى تفادي مصيدة الاحتراق الوظيفي قبل حدوثها وذلك بأن تعمل على أن لا يمكث الموظف في عمله أكثر من خمسة سنوات، ومن ثم يتم نقله إلى قسم أو إدارة أخرى لكي يكتسب مزيداً من الخبرة والمعرفة، والتغيير بدافع حفزه لمزيد من الانتاجية والحماس للعمل، وشركة أرامكو السعودية من ابرز الشركات الرائدة في منطقة الشرق الأوسط التي تعمل بهذا المنهج الاداري الفعال.

إعادة تصميم العمل

ذكر هاكمان وأولدهام نموذج لإعادة تصميم العمل، وذلك انطلاقاً من تحليل الخصائص الرئيسية للوظيفة، وهي :

1- تعدد المهارات .

2- نوعية المهمة .

3- أهمية المهمة .

4- الاستقلالية .

5- التغذية العكسية من الوظيفة .

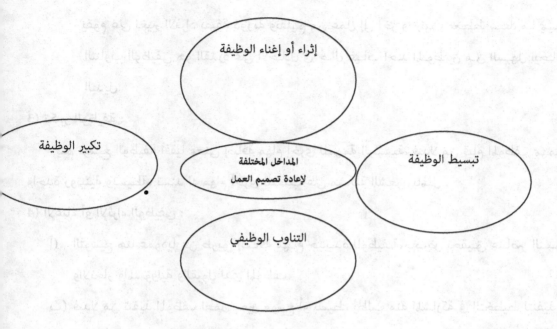

إثراء أو إغناء الوظيفة
تكبير الوظيفة
المداخل المختلفة
لإعادة تصميم العمل
تبسيط الوظيفة
التناوب الوظيفي

1) تبسيط الوظيفة :

أ) يقوم مبدأ تبسيط الوظيفة على تقسيم العمل أو النشاط إلى أعمال جزئية بسيطة ومتكررة، وإسناد كل جزء من العمل الى موظف واحد بعينة.

ب) من أهم عيوبه الشعور بالملل من قبل الموظف، مما ينعكس سلباً على مستوى الرضاء والإنتاجية .

ت) وللتغلب على تلك المشكلة ظهر ما يسمى بالتناوب او التدوير.

2) التناوب الوظيفي :

أ) يهدف الى تجنب النتائج السلبية لتبسيط الوظيفة.

ب)يقوم التناوب الوظيفي على مبدأ التدوير الوظيفي للأفراد العاملين، فالتناوب

يقوم على تغيير الأفراد بصفة دورية ونقلهم من عمل إلى آخر وبترتيب مخطط سلفاً، مـا يميـز التناوب الوظيفي هو القدرة على الاحلال في حـال غيـاب احد المـوظفين مـن السـهل ايجـاد البديل.

3) تكبير الوظيفة :

يتم توسيع الوظيفة أفقياً بمعنى إضافة مهام أخرى للمهمة الرئيسية، فبدلاً من قيام الموظف بمهمة واحدة روتينية وبسيطة، تسند له مهام أخرى للتغلب على مشكلة الشعور بالملل .

4) الإغناء أو الإثراء الوظيفي :

أ) التوسيع هنا عمودياً عن طريق إضافة مهـام جديـدة للوظيفـة، بغـرض تحقيـق عناصر النمو والانجاز والمسؤولية والقبول لدى الموظف.

ب) فبدلاً من تنفيذ الموظف لعمل معين موسع أو بسيط، يُطلب منه المشاركة في التخطيط لتنفيذه والرقابة للتنفيذ، واقتراح بدائل للتنفيذ مما يعني اعطاء عمق جديد للوظيفة لم يكن موجوداً في المداخل السابقة.

5) هياكل التعلم المتوازية :

أ) هي هياكل تنظيمية أوجدت خصيصاً وطورت لتخطيط وإدارة برامج التغيير.

ب) جاءت فكرة هذه الهياكل من فكرة المنظمة الملازمة وهي عبارة عـن منظمـة ملحقـة تتعايش مع المنظمة الرسـمية والهـدف منهـا التعامـل مـع المشـاكل الصـعبة التـي لا يسـتطيع التنظيم الرسمي علاجها .

6) تصميم هياكل التعلم المتوازية :

أ) تتكون من لجنة تسيير وعدد من مجموعات العمل التي تدرس التغيرات المطلوبة وتعمل توصيـات للتحسين وتراقب جهود التغيير .

162

ب) يجب أن يشبه الهيكل المتوازي المنظمة الأساسية بشكل مصغر، وأن يتضمن ممثلين مـن كـل أجزاء المنظمة ، وعدد من المديرين في الإدارة العليا في اللجنة المسيرة .

ت) مسؤولية الأعضاء فيها : التفكير والتصرف بأشكال تختلف عن الأدوار ولوائح المنظمة المعتادة

ثالثاً: وسائل التدخل على مستوى المنظمة :

1- الإدارة بالأهداف.

2- الشبكة الإدارية.

3- إدخال النظام بأكمله في الغرفة.

163

الفصل الثالث

إدارة الجودة الشاملة والتطوير التنظيمي

اهمية تطبيق نموذج إدارة الجودة الشاملة في المنظمات

لقد أصبحت التنظيمات الحكومية والخاصة في معظم دول العالم على معرفة بأهمية تطبيق نموذج إدارة الجودة الشاملة، وذلك لغاية رفع الإنتاجية وتحقيق الجودة في السلع المنتجة، من خلال استخدام أساليب حديثة في الإدارة تحافظ على استمرارية المنظمات وبقائها في وسط الازدحامات التنافسية بين المنظمات والحكومات في العالم، لقد احتلت إدارة الجودة وتطبيقاتها أهمية خاصة، سواء على الصعيد العالمي أو المحلي، إذا تعتبر أحد الأنماط الإدارية السائدة والمرغوبة في الفترة الحالية، وقد وصفها أحد الراغبين في تطبيقاتها بأنها الموجة الثورية الثالثة بعد الثورة الصناعية وثورة الحواسيب، ويتصل مفهوم إدارة الجودة الشاملة كما أشار لها الأدب الإداري، بأفكار رئيسية هي :

1- الإدارة اليابانية .

2- إدارة الموارد البشرية .

3- التميز .

وقد أصبحت الحاجة ضرورية لتطبيق مفهوم إدارة الجودة من مداخل التطوير التنظيمي الهادف إلى تحسين الإدارة، والمحافظة على استمرارية البناء التنظيمي، ومواجهة التحديات .

مفهوم إدارة الجودة

يعتبر مفهوم إدارة الجودة من المفاهيم الإدارية الحديثة، وبدأت بتطبيقها العديد من التنظيمات العالمية لتحين وتطوير نوعية خدمات إنتاجها، والمساعدة في التحديات

الشديدة، وكسب رضا الجمهور، وقد حققت المنظمات الإدارية الحكومية والخاصة نجاحات كبيرة إثر تطبيق هذا المفهوم خاصة في الدول المتقدمة مثل اليابان والولايات المتحدة الأمريكية والمملكة المتحدة وفرنسا، وأصبح مفهوم إدارة الجودة مفهوماً إدارياً مهما في مجال الإدارات والمنظمات الحديثة من خلال ما حققه من النمط الجديد من نجاحات في الإدارة .

وكنتيجة لأهمية هذا المفهوم وانتشار تطبيقه في دول العالم، أزداد الباحثون والدارسون في مراكز العلم به، وقدموا الكثير من المساندات التي تساعد على تبنيه وتطبيقه .

وقد طرحت تعاريف كثيرة لهذا المفهوم، وأصبح لكل تعريف مفهوم و معنى يعكس وجهة نظر الباحث، إلا أن ذلك م يؤثر ولم يغير مفهوم ومعنى إدارة الجودة، ويقدم معهد الجودة الفيدرالي تعريفا للجودة الشاملة هو أنها القيام بالعمل بشكل صحيح ومن أول خطوة مع ضرورة الاعتماد على تقييم العمل في معرفة تحسين الأداء .

تعرف إدارة الجودة الشاملة بأنها تطوير والمحافظة على إمكانيات المنظمة من أجل تحسين الجودة وبشكل مستمر، والإيفاء بمتطلبات المستفيد وجاوزها، وكذلك البحث عن الجودة، وتطبيقها في أي مظهر من مظاهر العمل، بدءً من التعرف على احتياجات المستفيد، وانتهاءً بمعرفة مدى رضا المستفيد عن الخدمات أو المنتجات المقدمة له .

عناصر إدارة الجودة

يتضمن أسلوب إدارة الجودة الشاملة مجموعة من العناصر و المبادئ الواجب التقيد والالتزام بها لتحقيق النجاح في تطبيق هذا المفهوم، والأهداف التي يسعى هذا الأسلوب الإداري إلى تحقيقها والمتمثلة في تحقيق الأداء الإداري ، وتحقيق الرضا لدى الجمهور عن الخدمات والإنتاج، والعناصر الأساسية لدى الجودة الشاملة :

أولاً : تعهد التزام الإدارة العليا بمبدأ تحسين إدارة الجودة :

أي ضرورة اهتمام الإدارة العليا بالعمل على تحسين نوعية وجودة الخدمات المقدمة أو السلع المنتجة، وكذالك ضرورة الإدارة العليا والعاملين بها، لما سوف تحققه عملية تطبيق إدارة الجودة من حيث الترشيد وزيادة الأرباح، وتوفير الدعم للمنظمة الإدارية ومن ثم دعم الإدارة واستمرارية نجاحها، إن تبني الإدارة العليا وحماسها لمفهوم إدارة الجودة الشاملة ودعم تطبيق هذا المبدأ، وتحديث وتطوير متطلبات التطبيق يعتبر حجر الأساس في نجاح المنظمة، ونجاح الأفراد، ونجاح مفهوم إدارة الجودة .

ثانياً : وضع الخطط بصورة مستمرة لتحسين مستوى الخدمة :

لا تقل أهمية التخطيط عن أهمية أي من وظائف الإدارة الأخرى، إذا يمثل التخطيط الناجح بقاء واستمرار التنظيمات من خلال عملية التنبؤ المدروس والمنظم للمستقبل، ووضع التقديرات و الاحتمالات بناءً على أسس علمية، وتحديد البرامج المراد إنجازها بما يتماشى مع قدرات التنظيم واتخاذ القرارات الرشيدة، ومن ثم لا بد من التخطيط المستمر لتحسين جودة ونوعية الخدمات المقدمة بشكل يساعد الإدارة على تطبيق مفهوم إدارة الجودة الشاملة، والعمل على وصول الإدارة إلى أهداف وفقاً للأسس العلمية من خلال الاستخدام و التوزيع الأمثل للموارد المتوفرة .

ثالثاً : الاهتمام بجمهور الخدمة :

إن رضا الجمهور هو الهدف الأساسي لأي منظمة سواء من حيث تقديم خدمات عامة، كما في القطاع العام أم إنتاج سلع كما في القطاع الخاص، وهذا دليل على أن نجاح التنظيمات الإدارية يعتمد على مدى قناعة، وإدراك تلك المنظمات لأهمية تقديم الخدمات بكفاءة وفعالية عالية .

وإدارة الجودة أسلوب إداري يؤكد فلسفة ضرورة متطلبات واحتياجات وتوقعات

الجمهور، فإدارة الجودة تركـز بدرجـة أولى على الجمهور مـن خلال الالتـزام بمتطلباتـه واحتياجاتـه، ومحاولة معرفة مدى رضاه عن الخدمة والمنتج، وكذلك محاولة التعرف على احتياجاتـه المستقبلية، لأن عدم تلبية هذه الحاجات من قبل المنظمات يعني فشلها وعد نجاحها ومن ثم خسارتها وتلاشيها .

رابعاً : تدريب العاملين على إدارة الجودة الشاملة :

يتطلب نجاح إدارة الجودة الشاملة الاهتمام بتزويد الأفراد العاملين بالمهارات والقـدرات اللازمـة لتطبقها ونجاحها، وذلك من خلال العمل وتدريب هؤلاء الأفراد العاملين عن طريق توفير برامج تدريبية مؤهلة قادرة على إيصال المعلومات والمهارات بصورة إيجابية، تنعكس على أداء الأفراد وقدرتهم، فعملية تدريب العاملين يجب أن تستند إلى أسس علمية قادرة علـى تحسـين مسـتوى الأداء للأفراد، وللتـدريب مكانه مهمة في إنجاح عملية تطبيق إدارة الجودة حيث يساعد على تحقيق الأهداف التالية :

1- تزويد الأفراد بمعلومات متجددة عن طبيعة الأعمال والأساليب .

2- إعطاء الأفراد الفرص الكافية لتطبيق هذه المعلومات والمهارات .

خامساً : مشاركة الأفراد العاملين في عمليات اتخاذ القرارات :

ينظر للمشاركة على أنها عملية تفاعل الأفراد عقليـاً ووجـدانياً مـع جماعـات العمل في التنظيم وبطريقة تمكن هؤلاء من تعبئة الجهود والطاقات اللازمة لتصحيح الأهداف التنظيمية، وتحظى عمليـة المشاركة من قبل الأفراد العاملين في عمليات اتخاذ القرار بأهميـة كبـيرة خاصـة في الوقت الحالي نظراً لمساهمتها الكبيرة في تحقيق الأهداف، فالأفراد العاملون لهم تأثير كبير على سير العملية الإنتاجيـة، فهـم الأكثر دراية بمشكلات العمل، والأكثر معرفة في إيجاد الحلول، وقرار المشاركة هو الأقرب لواقع الحـل في المنظمات الإدارية، لأنه قرار يتم تصنيعه بشكل جماعي ونتيجة للمناقشة وتبادل الآراء، ومن ثم تكون له القدرة على إيجاد الحلول المثالية للمشكلات التنظيمية أو الإدارية .

وتتطلب إدارة الجودة الشاملة مشاركة ذات مستوى عال من جميع الأفراد العاملين بمختلف المستويات الإدارية، حيث يجب على الإدارة الاستجابة لاقتراحات وأراء العاملين الإيجابية، لأن مشاركتهم تؤدي إلى رفع الروح المعنوية، وتحسين الاتجاهات والعلاقات بشكل ينعكس على الإنتاجية، وقد دلت الأدبيات الإدارية على أن مشاركة الأفراد العاملين، والإدارة تؤدي إلى تحقيق الرضا الوظيفي، ومن ثم زيادة مستوى الانتماء والولاء، فالأفراد يتكون لديهم شعور من خلال مشاركتهم في صنع القرارات بأن لهم اعتباراً وأهميه فترتفع روحهم المعنوية، ويبدون نتيجة ذلك استعداداً كبيراً لقبول وتحمل المسؤولية، والعمل بكل ما لديهم لتحقيق أهداف التنظيم .

كما هذا المفهوم هو ما ترغب إدارة الجودة الشاملة بتحقيقه بشكل يعطي الإدارة العليا إشارة إلى أهمية مشاركة العاملين في العمليات التنظيمية، ويولد عند العاملين إحساساً، وشعوراً بأنهم جزأ من البناء التنظيمي القائم .

سادساً : تشكيل فرق العمل :

يعتبر تشكيل فريق العمل داخل التنظيمات الإدارية الحديثة أحد متطلبات تطبيق إدارة الجودة الرامية إلى حل المشكلات لإيجاد الحلول، وذلك باستخدام ما يعرف بفريق العمل، فإدارة الجودة الشاملة تتطلب من الإدارة العليا ضرورة العمل على تكوين فريق عمل من الأفراد التي تتوفر لديهم المهارات والقدرات اللازمة لمعالجة المشكلات، وذلك بهدف تحسين نوعية وجودة الخدمات والسلع المنتجة .

سابعاً : تحديد معايير قياس الجودة :

هناك معايير يتم بموجبها قياس جودة ونوعية الخدمة المقدمة، وهذه المعايير هي من أسس ومقومات نجاح الإدارة الجودة، ويجب على الأفراد العاملين الالتزام بها، حتى يتم ضمان أداء العاملين بشكل أفضل وبالتالي تقديم خدمات بجودة عالية ترضي رغبات الجمهور، وتتضمن بعض هذه المعايير مراعاة الدقة والتنظيم والوقت في حالة تقديم

الخدمات، والعمل على ضرورة توفير المعلومات ومعالجة المشكلات الإدارية والصعوبات التي تواجه الجمهور أثناء الحصول على الخدمة، ولكي يتم وضع معايير دقيقة في إدارة الجودة يجب توافر شرطين أساسيين هما :

1- ضرورة التمييز بين المهام القابلة للقياس والمهام غير القابلة للقياس .

2- وضع معالجة مختلفة للمهام التي تتطلب عملاً أكثر تعقيداً، وذلك من خلال المؤثرات التي تنتج من عملية تحليل المهام .

ثامناً : مكافأة العاملين :

يتطلب تطبيق إدارة الجودة إعطاء الأفراد حوافز تساعد على إشباع حاجاتهم وتدفعهم لبذل قصارى جهدهم لتحقيق أهداف التنظيم، فأنظمة الحوافز، وما يتبعها تعتبر وسائل فعالة لتطوير أداء العاملين وزيادة إنتاجهم وتحسين نوعيتها، وللحوافز صور متعددة، مثل المكافئات المادية والترفيع والاعتراف، أو العمل على تخصيص نسبه حصصيه من الأسهم لبعض الأفراد المتميزين في حالة تطبيق إدارة الجودة في الشركات الخاصة، أما في القطاع العام فإن الحوافز المادية والمعنوية، ومشاركة الأفراد في اتخاذ القرار تعتبر جميعها أدوات تحفيز فعالة، أضف إلى ذلك إن إعطاء العاملين بعض الامتيازات، مثل الضمان الاجتماعي، وصندوق التقاعد، والتأمين الصحي، وغير ذلك يؤثر على شخصية الأفراد وسلوكياتهم الوظيفية، الأمر الذي يدفعهم للاجتهاد وتحسين الأداء وتحقيق أهداف التنظيم .

متطلبات تطبيق إدارة الجودة الشاملة

بالرغم من أهمية تطبيق إدارة الجودة لتحقيق الأهداف المطلوبة، إلا أن نجاح هذا التطبيق يتطلب ضرورة توافر المتطلبات التالية :

1- أن تكون التنظيمات على علم ومعرفة بالعملاء والزبائن وأيضاً باحتياجاتهم،

وأن تعمل المنظمات على تعديل وتطوير السلوك والأساليب اللازمة والضرورية لتطوير مخرجاتها، بما يتماشى مع احتياجات الأفراد والتغيرات البيئية المحيطة، وتستطيع المنظمة تطوير آليات تساعد على تفهم احتياجات العاملين، وتساعد على دراسة التغيرات البيئية المحيطة منها :

أ- اللقاء المباشر مع العملاء والتعرف من خلال هذا اللقاء على معايير الجودة، كما يراها العملاء .

ب- استخدام الدراسات التقييمية والاستطلاعية للوقوف على مدى رضا الأفراد عن السلع والخدمات.

ج- قيام المديرين بعمليات الاتصال المباشر مع العملاء .

2- ضرورة تعرف المنظمات على منافسيها في السوق المحلي والعالمي، وهذا يعتمد على قدرة المنظمة على تحليل الأسواق للتعرف على الجهات المنافسة من حيث الحجم والموارد والمنتج حتى تستطيع وضع استراتجيات معينة تسير عليها في الإنتاج والتسويق، وإجراء مقارنة كلية مع هذه الجهات المنافسة، والعمل على رفع مستوياتها إلى الحد المطلوب، ويتطلب ذلك من المنظمة أن تكون على درجة كبيرة من الوعي لجميع المتغيرات البيئية والاستجابة للفرص والمحددات .

3- أن تكون على معرفة بنتائج عدم تطبيق الجودة في الخدمات والمنتجات التي تقدمها، إن عملية تحديد ودراسة تكاليف ونتائج عدم تطبيق المنظمة لإدارة الجودة يشكل دافع كبير يحفز المنظمة للقيام بتطبيق مفهوم إدارة الجودة الشاملة، خاصة إذا كانت على معرفة بنتائج تطبيق إدارة الجودة الشاملة، خاصة إذا كانت على معرفة بنتائج تطبيق إدارة الجودة والفوائد التي سوف تحصل عليها، وبالرغم من مواجهة قدرة المنظمة على حساب التكاليف في حالة عدم الالتزام بإدارة الجودة الشاملة لصعوبات كبيرة، إلا أن ذلك لا يمنع من القيام بدراسة هذه

التكاليف وفقاً لمنهجية علمية .

4- العمل على تحديد أهداف كل وحدة إدارية، فيما يتعلق بإشباع حاجات عملائنا الخارجين والداخلين على حد سواء، ويساعد تحقيق هذه المطالب الوحدات الإدارية على تحقيق أهدافها ضمن هدف محدد في مجال تقديم الخدمات والسلع للجمهور، لذلك تلعب عملية تحديد الأهداف للوحدات الإدارية دوراً فاعلاً في تلبية احتياجات الجمهور والعمل على إيجاد التكامل والتنسيق ما بين الوحدات الإدارية لتحقيق الهدف العام للمنظمة، لأن عدم تحديد الأهداف لكل وحدة إدارية يترتب عليه تداخل واجبات واختصاصات هذه الوحدات بشكل يؤدي إلى وجود ما يسمى بالصراع التنظيمي .

5- تأكد من فهم ومعرفة الأفراد العاملين لمفهوم إدارة الجودة الشاملة ومتطلبات تطبيقها، إذا يترتب على هذا الفهم زيادة التزام الأفراد بالمسؤوليات المطلوب منهم القيام بها، وهذا مهم نظراً لأن مشاركة العاملين في تطبيق إدارة الجودة يؤدي إلى خلق مناخ تنظيمي جيد يساعد على ذلك، وتتطلب هذه المشاركة تدريب الأفراد العاملين على القيام بواجباتهم، وربط ذلك بأنظمة حوافز تساعد وتشجع الأفراد على الالتزام بتطبيق مفهوم إدارة الجودة .

6- عدم القبول بتقديم أي خدمات أو سلع لا تنطبق عليها مواصفات إدارة الجودة الشاملة .

7- اعتماد تطبيق مفهوم البوادر الوقائية وليس العلاجية عند القيام بتطبيق مفهوم إدارة الجودة الشاملة، الأمر الذي يساعد المنظمات على زيادة قدرتها في مواجهة المشكلات قبل حدوثها، ومن ثم تقليل التكاليف وزيادة الإنتاجية .

فوائد تطبيق إدارة الجودة

إن استخدام مبادئ ومفاهيم إدارية معينة لا يمكن أن يحظى باهتمام الإدارة العليا، إلا ذا ترتب على تطبيق واستخدام هذه المبادئ تحقق فوائد معينة، وتطبيق مفهوم إدارة الجودة الشاملة يؤدي إلى تحقيق الفوائد التالية:

1- تخفيض تكاليف التشغيل .

2- تحسين نوعية الخدمات والسلع المنتجة .

3- رفع مستوى الأداء .

4- العمل على تحسين وتطوير إجراءات و أساليب العمل .

5- زيادة ولاء العاملين .

6- زيادة قدرة المنظمات على البقاء والاستمرار .

أما التي يجنيها الأفراد العاملين نتيجة لالتزامهم بتطبيق إدارة الجودة الشاملة، فهي :

1- إعطائهم الحوافز الملائمة للجهود التي تبذلونها للقيام بأعمالهم .

2- إعطاء العاملين الوقت والفرصة لاستخدام مهاراتهم وقدراتهم .

3- تنمية مهاراتهم من خلال المشاركة في تطوير أساليب وإجراءات العمل .

4- توفير التدريب اللازم .

ويعتمد نجاح إدارة الجودة الشاملة على العنصر البشري، من حيث تدريب الأفراد العاملين وزيادة إيجاد المناخ التنظيمي الملائم، وفي هذا الخصوص يقدم بعض التوصيات الضرورية الواجب أخذها لنجاح تطبيق إدارة الجودة الشاملة، وهذه التوصيات هي :

1- تقييم الوضع الراهن للمنظمة بخصوص تطبيق إدارة الجودة الشاملة .

2- ضرورة معرفة أسباب المشكلات من خلال الدراسات التحليلية للمنظمة التي تدفعها إلى تطبيق إدارة الجودة الشاملة .

3- وضع برامج تدريبية للمستويات الإدارية كافة بهدف تنمية مهارات العاملين حول مفهوم إدارة الجودة.

4- ضرورة توفر ما يعرف بدليل الجودة .

5- توفير قاعدة معلوماتية وبيانات ضرورية .

6- تطبيق أنظمة حوافز مادية ومعنوية جيدة .

خطوات تنفيذ الجودة الشاملة

يتضمن تنفيذ خطط وبرامج إدارة الجودة الشاملة مراحل أساسية هي :

أولاً : مرحلة الإعداد :

وفي هذه المرحلة يتم التأكد من فريق العمل وقدرته على تنفيذ المهام بخصوص تطبيق إدارة الجودة الشاملة، من حيث المهارات والكفاءات والتدريب، كما يتم في هذه المرحلة وضع الخطوط المستقبلية لسير العمل والإجراءات .

ثانياً : مرحلة التحضير :

في هذه المرحلة يتم التخطيط لتنفيذ برنامج الجودة الشاملة .

ثالثاً : مرحلة التنفيذ والتطبيق :

في هذه المرحلة تتم مراجعة أعمال فريق العمل، وتفعيل دورة ومناقشة تطوير العمل من خلال الاجتماعات واللقاءات الدورية، وهنا يمكن القول أن إدارة الجودة الشاملة هي جهد تعاوني لإنجاز الأعمال يعتمد على كفاءات وقدرات ومواهب العاملين والمديرين، للعمل على تحقيق الجودة والإنتاجية العالية، لذلك يلاحظ أن إدارة الجودة

الشاملة تتضمن الأفكار الرئيسية التالية :

1- التأكد من أهمية إشراك العاملين .

2- ضرورة الاهتمام بجودة السلعة أو الخدمة .

3- ضرورة التأكد على أهمية التغذية الرجعية .

4- استخدام المنهجية العلمية .

5- ضرورة التركيز على الرقابة .

6- تطبيق مفهوم التعاون و التكامل .

7- الأخذ بالمبدأ التكلفة الشاملة في الجودة .

الاتجاهات الحديثة في إدارة الجودة

نتيجة لأهمية هذا الأسلوب في الإدارة، تصدى كثير من الكتاب والمفكرين، وكتبوا عنه شيء الكثير، مما أدى إلى ظهور كفكر جديد في الإدارة من خلال المساهمات التي قدموها، والتي أطلق عليها الاتجاهات الحديثة في الإدارة، وهذه الاتجاهات التي تعد مساهمات قدمت من أفراد متخصصين في هذا المجال، أدت إلى أثراء وغنى هذا الموضوع، وقد تمثلت بمحاولات كل من :

1- **جوزيف جوران :**

وهو الذي ركز في مجال ما هو مطلوب من الإدارة القيام به في موضوع الجودة على ما يلي :

1- اعتبار دور المنظمة كلاً متكاملاً في تقديم خدمات ذات جودة ونوعية مرتفعة.

2- على كل مستوى إداري القيام بواجباته بصورة كاملة .

174

وقد ركز جوزيف في مساهمته على التالي :

أ-   العمل على ضرورة تحسين الجودة .

ب- ضرورة تحسين الجودة .

ج- وضع تقارير تبين مراحل العمل المنجز .

د - تشكيل وبناء تنظيم يعتمد على :

- تشكيل مجلس لدراسة الجودة بأبعدها المختلفة .

- حفظ سجلات الإنتاج .

- إدخال التحسين المستمر .

ومن خلال مساهمته في هذا الفكر الجديد المتمثل في إدارة الجودة أشتهر جوزيف، فيما يلي :

1- تخطيط الجودة .

2- الرقابة على الجودة .

3- تحسين الجودة .

2- فيليب كروسي :

ترتكز الأفكار الأساسية لمساهمته في تحسين الجودة على المفهمين هـما، إدارة الجـودة والعنـاصر الأساسية للتطوير.

أما الأساسيات كما حددها كروسبي، فهي :

1- تعريف الجودة بأنها المطابقة للمواصفات .

2- العمل على منع حدوث الأخطاء .

175

3- الأداء، على أن يكون منتجاً أو خدمة ممتاز .

وأما العناصر الأساسية التي شار إليها كروسبي، لتحسين الجودة، فهي :

1- الإصرار من قبل الإدارة العليا .

2- تعليم جميع الأفراد العاملين والعمل على تدريبهم .

3- التطبيق الفعلي لهذه الأساسيات .

3- ادواردو ديمنج :

وقد تطرق في مساهمته لتحسين إدارة الجودة الشاملة إلى المبادئ التالية :

1- ضرورة تحسين أنظمة العمل و الخدمات بصورة مستمرة .

2- التركيز على أهمية القيادة .

3- تقليل وتخفيف الحواجز بين الأقسام والدوائر داخل التنظيم .

4- استخدام التدريب لتنمية المهارات .

5- استخدام المنهجية العلمية .

6- ضرورة عدم التعارض بين الأهداف .

7- ضرورة إدخال التغيير .

8- إيقاف الاعتماد على الاختبار بقصد كشف الأخطاء .

9- إيجاد علاقة طويلة الأمد مع الأطراف .

10- العمل على إزالة الخوف لدى فريق العمل .

11 - التوقف عن تهديد العاملين .

12- وضع برامج تعليم .

13- إعطاء الفرص لرفع الروح المعنوية لفريق العمل .

14- إشراك كل فرد داخل التنظيم في عملية التحويل والتطبيق لهذا المفهوم .

دور إدارة الجودة الشاملة في التطوير التنظيمي

تساهم إدارة الجودة الشاملة في تحقيق أهداف التطوير التنظيمي من خلال عدة أبعاد، ويمكن ملاحظة هذه العلاقة في الشكل التالي الذي يتضمن التركيز على ثلاثة محاور أساسية هي :

1- المالكين .

2- العملاء .

3-الموظفين .

فتطبيق إدارة الجودة الشاملة من خلال الاستفادة من الإمكانية البيئية المتاحة، سواء التكنولوجية والبشرية والمادية، يؤدي إلى تطوير مستوى الخدمة أو السلعة المنتجة، الأمر الذي يؤدي إلى التحقيق رضا الجمهور خاصة إذا كانت أسعار السلع والخدمات معتدلة ومناسبة لأبعاد الاجتماعية والاقتصادية والوظيفية، مما يترتب عليه زيادة في الولاء والرضا والانتماء للمنظمة الإدارية، وزيادة الكلب على الخدمة أو المنتج، ومن ثم زيادة الأرباح و المنافسة .

ويمكن اعتبار إدارة الجودة الشاملة وسيلة من وسائل التطوير التنظيمي من خلال النظر إلى بعدى الرضا والولاء التنظيمي اللذين يهدفان إلى تغير الثقافة التنظيمية القائمة، واستبدال ثقافة تنظيمية جديدة بها، حيث يمكن اعتبار الثقافة التنظيمية أحد أساليب التطوير من خلال نشر الوعي والمعرفة الخاصة بإدارة الجودة الشاملة، وذلك من خلال التركيز على مشاركة العاملين من كل المستويات .

ويعني تركيز إدارة الجودة على الابتكار والإبداع بأن يتمتع العاملون بمهارات

عالية، وكفاءات لكي تحافظ على استمرار وجودهم في المنظمة، وتدفع بهؤلاء الأفراد إلى بذل المزيد من الجهود الرامية إلى تحقيق الأهداف بشكل يؤدي إلى زيادة قدرات المنظمة الإدارية على المنافسة من خلال إتباع أساليب عمل جديدة للارتقاء بمستوى الخدمة أو السلعة النتيجة، بهدف زيادة التسويق والأرباح والمبيعات، وتحسين العاملين، وزيادة ولائهم وانتمائهم لمنظماتهم .

المنظمة الدولية للمواصفات والمقاييس (ايزو 9000)

لقد تم تأسيس المنظمة عام 1946 بعد الحرب العالمية الثانية، وكان مقرها في سويسرا، وكانت مهمتها إصدار المواصفات الدولية (العالمية)، وتوحيد المواصفات في المجال الصناعي على المستوى العالمي حتى تساعد على سهولة إجراء التبادل التجاري في السلع والخدمات، تطوير التعاون بين دول العالم ومنظماته، وتكون المشاركة بهذه المنظمة بمعدل عضو واحد لكل دولة مراعاة لمصالح جميع الأطراف من منتجين ومستخدمين وحكومات وجهات علمية وغير ذلك، وحتى يتم تحديد الحد الأدنى من جودة الشاملة .

وقد نالت هذه السلسة الكثير من الدعم والاهتمام العالمي، وارتباطات شهرتها بإعلان دول المجموعة الأوروبية لشروط دخول بعض الخدمات والسلع إلى أسواقها بضرورة حصولها على شهادة المطابقة لمواصفات أيزو 9000 مع مراعاة عدم الخلط أو الدمج بين مواصفات أيزو 9000 لنظام إدارة الجودة الشاملة وبين المواصفات الفنية للسلعة أو الخدمة، فقد كان لا بد من إنتاج سلع وخدمات ذات مواصفات عالمية يتطابق مع مواصفات محددة، لذا فإن مواصفات أيزو 9000 هي مكملة، وليست بديلاً للمواصفات الفنية للسلع والخدمات المنتجة .

إن كلمة أيزو لها دلالات ومعان، فهي اختصار لاسم المنظمة الدولية للمواصفات والمقاييس، وهي الهيئة صاحبة الاختصاص بإصدار المواصفات العالمية، ويشير الرقم 9000 إلى سلسلة المواصفات التي تهتم بإدارة الجدوى في الصناعة والخدمات، حيث يعود

أصل هذه المواصفات البطانية عامة 1987 بهدف رفع مستوى الجودة في الصناعات البريطانية .

كما تهدف المنظمة الدولية للقياس والمواصفات إلى رفع المستويات القياسية، ووضع المعايير والأسس والاختبارات والشهادات المتعلقة بها، من أجل تشجيع التجارة على المستوى العالمي، والرقم 9000 يتضمن سلسلة الموصفات والمقاييس التي تتكون من عدة مواصفات تحمل الرقم 9000 وهي :

1- ISO 9000 ، ISO 9004: وهي عبارة عن خطوط استرشادية لكيفية إدارة الجودة وعناصر نظام الجودة داخل المؤسسة .

2- ISO 9001 ، ISO 9002، ISO 9003: وتحدد المتطلبات لتأكيد الجودة في الحالات التعاقدية، ويمكن اختيار واحدة منها حسب طبيعة عمل المؤسسة والعقد المبرم في كل حالة، وتعبر المواصفة ذات الرقم ISO 9001 من أكثر المواصفات شمولية لجميع جوانب نظام الجودة .

معايير الجودة العالمية

لا بد من البحث في المعايير العالمية للجودة التي أصبحت ملزمة لكل التنظيمات الراغبة في المحافظة على جودة خدماتها وسلعها، والرغبة في العيش والاستمرار وسط هذا التنافس الشديد بين التنظيمات العالمية، وترعى العديد من التنظيمات التي تقدم خدماتها وسلعها إلى دول أخرى ضرورة توافر المعايير العالمية الموجودة في تلك الخدمات والسلع، وكذلك فإن التنظيمات التي تستورد منتجاتها، وترغب أيضاً في توفير هذه المواصفات في السلع والخدمات المستوردة .

كما يفترض الالتزام والتقيد بهذه المعايير والمقاييس على التنظيمات وضع وإتباع سياسات وأنظمة وإجراءات مكتوبة تؤمن بشكل متناسق إنتاج السلع والخدمات، بما يتناسب مع متطلبات الجمهور واحتياجاتهم، وكون هذه المعايير عامة وشاملة فإنه

بالإمكان مطالبة جميع التنظيمات بضرورة العمل وفقاً لها، وتتخلص الجوانب المتعلقة بالجودة الشاملة بما يلي :

أولاً : ضرورة التزام التنظيمات بالجودة العالمية ومعايرها في أعمالها كافه، والعمليات التي يشغلها نظام الجودة هي تلك التي تؤثر في النتائج النهائية للعمل، وتمثل بالنسبة للإنتاج في المؤسسات الصناعية:

1- الترتيب وخدمة البيع .

2- مراحل التصنيع .

3- شراء المواد من مصادرها .

4- مراجعة متطلبات العميل للتأكد من وضوحها .

5- تصميم المنتج إذا لم يسبق تصميمه .

6- اختبار المنتج .

ثانياً : أن تلتزم التنظيمات بشروط الجودة، وتطبيقها على يد أشخاص مؤهلين وقادرون .

ثالثاً : ضرورة توافر برامج تدريب داخلية للعاملين .

رابعاً : أن يكون نظام الجودة ومواصفاتها العالمية، موثقاً على شكل :

1- دليل جودة .

2- دليل إجراءات العمل .

3- دليل تعليمات العمل .

خامساً : ضرورة إثبات قدرة المنظمة على القيام بتنظيم أعمالها.

سادساً : ضرورة ممارسة الرقابة الإدارية، للتأكد من خطوات تطبيق إدارة الجودة وإتباع سلسلة المواصفات العالمية في المنتج .

متطلبات الأيزو 9000

يجب أن تتضمن متطلبات تطبيق سلسلة المواصفات العالمية ISO 9000 العناصر التالية :

1- ضبط التصميم : أي مواصلة العمل للتأكد من السيطرة على سير العمليات، ومن أن المواصفات والمعايير المطلوبة قد تم تحقيقها والمحافظة عليها .

2- مسؤولية الإدارة : وهنا يتم تحديد الجهات المسؤولة عن سير العملية الإدارية وإجراءات المراجعة للتأكد من حسن سير العمليات التشغيلية الرامية إلى تطبيق إدارة الجودة الشاملة ومواصفاتها .

3- نظام الجودة : يتضمن هذا النظام ضرورة دراسة ومعرفة أنواع النشاطات والمهام التي تؤثر على جودة ونوعية المنتج، كذلك القيام بدراسة نظام الجودة وتقييمه من حيث كفاءة وفعالية .

4- مراجعة القيود : للتأكد من قدرة المنظمة على تلبية حاجات الجمهور، وللتأكد أيضاً من وضوح متطلبات الجمهور ومدى واقعيتها .

5- ضبط الوثائق : اعتماد التنظيم والدقة في تنفيذ الأعمال وإجراءات العمل، واستخدام الوثائق بشكل يحافظ على محتوياتها ومضمونها .

6- الشراء : تحديد متطلبات وثائق المشتريات، وتحديد آلية اختيار الموردين، وتوضيح المسؤوليات المترتبة عليهم، وأن تكون المعاملات بين المشتري والمورد على درجة كبيرة من الوضوح .

7- المواد المشتراه للتصنيع : التأكد من نوعية هذه المواد وشروط استخدامها، وأن ترعى الدقة في النظام في حالة استخدام أكثر من مادة مشتراه في عمليات التصنيع .

8- السيطرة على العملية الإنتاجية : يتم ذلك من تاريخ البدء بالعملية الإنتاجية بما في ذلك التخطيط، وإتباع التعليمات الضرورية لكل من سير العملية التشغيلية وتوافر المواصفات في المنتج .

9- التأكد والرقابة : وهنا لا بد من إتباع آلية معينة للتأكد من توفر متطلبات النجاح، ولا بد من تحديد الأشخاص المسؤولين عن هذه العمليات من تأكد ورقابة .

10- ضرورة توافر أجهزة الرقابة وأجراء الاختبارات.

11- إظهار نتائج الاختبارات للمنتج أو الخدمة .

12- ضبط إحكام المنتج غير المتطابق لما هو مطلوب : أي ضرورة التأكيد على منع استخدام المنتج غير المطابق، وأن يشمل الضبط و الإحكام عمليات التمييز والتقييم والعزل والتصرف في المنتج غير المطابق، وتشمل هذه الخطوة ما يلي :

1- إعادة التشغيل لتحقيق المتطلبات المحددة .

2- القبول بإصلاح أو بدون إصلاح .

3- الاستخدام في أغراض أخرى أقل مستوى .

4- الرفض .

13- الإجراء التصحيحي : يتضمن هذا الإجراء ضرورة القيام بالخطوات التالية :

1- دراسة ومعرفة سبب عدم مطابقة المنتج لما هو مطلوب لمنع التكرار .

2- تحليل البيانات ودراستها ودراسة عمليات التشغيل لتحديد سبب عدم المطابقة .

3- تطبيق ضوابط التأمين واتخاذ الإجراءات الصحيحة .

4- تنفيذ التعديلات في طرق العمل .

14- التخزين والتعبئة .

15- سجلات الجودة : إنشاء وصيانة طرق لتمييز وجمع وفهرسة وحفظ وتخزين وصيانة سجلات الجودة المطلوبة .

16- المراجعة الداخلية : للتأكد من أن أنشطة ومهام الجودة تعمل على تحقيق خطة الجودة المطلوبة.

17 - التدريب : العمل على تحديد الاحتياجات التدريبية .

18- الخدمات .

19 – الأساليب الإحصائية المستخدمة : ضرورة تطبيق المنهجية العلمية بأساليبها الإحصائية، وذلك لغايات تطبيق المواصفات العالمية .

فوائد تطبيق الايزو 9000

يترتب على اعتماد المواصفات والمقاييس العالمية ISO 9000 فوائد كثيرة تعود على التنظيم والأفراد بفوائد كثيرة منها :

1- العمل على زيادة قدرة التنظيمات على التنافس من خلال إتباع سياسات وإجراءات عمل على درجة كبيرة من الدقة والوضوح والموضوعية، مما يمكن هذه التنظيمات من تصدير خدماتها ومنتجاتها إلى كل دول العالم، كما تشترط منظمة الجات .

2- تطوير مجموعة متكاملة من الوثائق التي تسجل الإجراءات والعمليات وطرق العمل بشكل يساعد على تحقيق المواصفات العالمية .

3- رفع مستوى الأداء وتغيير ثقافة المنظمة إلى الأفضل .

4- بناء علاقات قوية ومتينة مع العملاء .

5- تعليم المسئولين في المنظمة أساليب المراجعة والتقييم الذاتي .

6- إعطاء العاملين شعوراً بالثقة ورفع الروح المعنوية بسبب حصول المنظمة على شهادة الجودة العالمية.

7- تحسين عمليات الاتصال الداخلي والخارجي .

8- زيادة الأرباح، وفتح أسواق جديدة لتسويق الخدمات و السلع .

9- استمرارية تحقيق الجودة العالية في المنتجات .

10- تحقيق الرقابة على كل النشاطات الداخلية .

الفصل الرابع

الموارد البشرية ومداخل للتطوير التنظيمي

اهمية الموارد البشرية وبيئة التنظيم

تعتبر الموارد البشرية الجزء الأهم في بيئة التنظيم، فهو يؤثر ويتأثر بها على جميع الأبعاد اللأدارية والهيكلية والفنية، ويقع على عاتق الإدارية مسؤولية تطوير وتنمية الموارد البشرية الموجودة، خاصة بعد أن ازدادت رغبات وتطلعات العنصر البشري إلى تحقيق حياة كريمة.

ويتطلب ذلك من التنظيمات الإدارية السعي الدائم إلى العمل على تحقيق أهداف الأفراد العاملين بها، لغايات تحقيق التعاون والتوازن بين مصالحها ومصالح أفرادها، وزيادة ثقة العاملين فيها ورفع روحهم المعنوية، ويعكس الاهتمام بالعنصر البشري وجهة النظر الإدارية التي تركز على العمل لرفع إنتاجية العنصر البشري، بما يؤدي إلى رفع الإنتاجية الكلية للتنظيم، على اعتبار أن الفرد هو جزء رئيسي من بيئة التنظيم، وسبل زيادة إنتاجيه متعددة ولن تتم إلا عن طريق تنمية قدراته ومواهبه وخلق مناخ وبيئة عمل ملائمة للإبداع البشري.

وتتضمن بيئة العمل التنظيمية الواجب توافرها للإيداع البشري جميع العوامل التي يؤدي التغير في خصائصها إلى التأثير على النظام، كما أنها تمثل الخصائص والعوامل التي تتغير بتغير سلوك النظام، وبناء على ذلك نرى العنصر البشري هو أحد العناصر الذي يؤدي التغيير في خصائصه وقدراته ومهاراته وثقافته إلى التأثير على التنظيم بشكل عام، وأهم مايؤثر في كفاءته وإنتاجيته وفعاليته هو مدى توافر العديد من العوامل، كالحوافز والسياسات الإدارية الجيدة، والقيادة الإدارية الفعالة، والمناخ التنظيمي القادر على تحقيق صورة سليمة للتنظيم في أذهان العاملين.

إدارة شؤون الأفراد والتطوير التنظيمي

1. يتضمن الهيكل التنظيمي والبناء التنظيمي لكل تنظيم وحدة إدارية يطلـق عليها إدارة شـؤون الأفراد، وتلك الإدارة يتضمن عملها وضع السياسات المتعلقة باختيار وتعيين وتـدريب الأفراد العاملين وتنمية مهاراتهم وزيادة ثقتهم بالتنظيم القائم، وتحقيق التعاون ورفع الروح المعنويـة للحصول على إنتاجية عالية، ويترتب على الإدارة وذات الاختصاص، ضرورة العمل علـى تكوين قوة عمل فعالة مستقرة في وقت واحد، وعليها أيضاً تنسيق الاستفادة مـن الكفـاءات البشريـة بأعلى كفاءة ممكنه ضـمن نطـاق العرض والطلـب، وضـمن احتياجات التنظيم، ومـن خـلال الاستغلال الأمثل للعنصر البشري، فهي إدارة يقع على عاتقها مسؤولية إداريـة تتمثل في القيام بالواجبات الإدارية مثل التخطيط والتنظيم والتوجيه والضبط والرقبـة، مـع ضرورة إدراكها أن التخطيط يجب أن يبدأ بتهيئة القوى العاملة لمعرفة مواصفاتها وتحديد أعـدادها والتوجـه لمصادرها ودعوتها للاستخدام داخل التنظيم، كما يترتب عليها مسؤولية تطوير المـوارد البشريـة وزيادة كفاءتها وفعاليتها ثم مكافئة هذه القوى وتقييمها وضبطها والمحافظة عليهـا، ويتطلـب نجاح هذه الإدارة في تحقيق أهدافها توافرمايلي:

1. التمتع بموقع جيد داخل الهيكل التنظيمي، مما يساعدها على تحقيق أهدافها وواجباتها.

2. تحديد علاقاتها مع الإدارات الأخرى، من خـلال وضع وصف ومواصفات وظيفية لكل وحدة إدارية، ووضع وصف واضح للواجبات المشتركة مع الإدارات الأخرى.

3. توفير التكنولوجيا المساعدة في تحقيق الأهداف.

4. إعطائها السلطة والصـلاحيات التـي تسـاعدها فعـلاً علـى تنفيذ واجباتها الإدارية

والمتخصصة، لكي تعمل على التركيز في المجال التطبيقي حسب متطلبات تنمية القوى العاملة، ومساعدتها في دراسة الخبرات والتخصصات اللازمة للمنظمة، لكي تسعى إلى التركيز في الاتجاه النوعي في التعليم وتوفير الإبداع والكفاءة.

5. تقديم كل الدعم لها من قبل الإدارة العليا للعمل على بناء وتحضير قوة عمل فعالة.

6. ربطها مع أجهزة تخطيط وتنمية القوى العاملة الخارجية لتحقيق التوازن بين المنظمة والبيئة، وبين تطوير القوى العاملة في الخارج وفي البيئة الداخلية.

7. تقديم الدعم المادي.

8. توفير مناخ تنظيمي سليم يساعد على التعاون والانتماء والرغبة في العمل.

9. ربط إدارة الأفراد بالهياكل المسؤولية عن التغيير والتطوير الإداري.

آليات تطوير الموارد البشرية

هناك العديد من الآليات التي يمكن اعتمادها لتطوير الموارد البشرية، منها:

أولاً: أنظمة التعليم المعتمدة في إعداد قوة العمل:

يبدأ الاهتمام بتطوير هذا العنصر من الاهتمام بأنظمة التعليم وسياسته، حيث تعتبر هذه العناصر الأساس في تقويم وتعديل الأفراد وتعديله وتنميته، وكذلك يعكس الاهتمام بأنظمة التعليم حاجات المنظمات من التخصصات والتنوع في المؤهلات، واستراتيجيات التعليم يجب أن ترتبط دائماً باستراتيجيات العمل وحاجته من التخصصات، لذلك يجب أن تأخذ الدولة في اعتبارها المهمات والترتيبات اللازمة لأنظمة التربية والتعليم المعتمدة، والتي يجب أن يتم ربطها بإعداد قوة عمل فعالة، ولذلك يجب أن تتضمن الأنظمة التعليمية الأبعاد التالية:

1. تعزيز القيم والاتجاهات التنموية وتصحيح العيوب الموجود في الأنظمة والقيم الحالية.

2. تنمية قدرات الأفراد على التفكير والإبداع.

3. تعزيز برامج التعليم، بما يتلاءم مع المتغيرات البيئية والمستجدات.

4. توافر حرية التفكير والعمل الأكاديمي.

5. التنسيق والربط بين أجهزة التعليم القائمة عليه.

6. استخدام التكنولوجيا التعليمية.

7. ربط برامج التعليم بمتطلبات التنمية الشاملة.

8. ربط مساقات التعليم مع احتياجات السوق.

9. توفير الحد الأدنى من التعليم.

ثانياً: تطوير آليات تخطيط قوة العمل:

تعتبر مهمة التخطيط لقوة العمل إحدى المهمات الرئيسية لإدارة شؤون الأفراد، ويهدف التخطيط إلى القيام بعمليات التنبؤ وتحديد الاحتياجات من قوة العمل، وكيفية الحصول عليها وتحديد مصادرها، وينظر للتخطيط على أنه عملية التأكد من توافر الكمية والنوعية الجيدة من القوى البشرية في المكان والزمان الملائم، والقيام بما هو مطلوب منها من أعمال تتناسب مع احتياجات المنظمة، وتؤدي إلى تحقيق رضا العاملين.

وتخطيط قوة العمل يتطلب وجود إستراتيجية جيدة واضحة المعالم ذات أبعاد شمولية، تساعد على معرفة تركيبة القوى العاملة الداخلية، وكذلك كيفية العمل على تنميتها وتطويرها من خلال إتباع آليات تدريبية معتمدة وذات كفاءة وفعالية تساعد في الحصول على قوة عمل فعلية حالية ومستقبلية ذات تكاليف معقولة، إن اعتماد هذه الإستراتيجية يساعد المنظمة على استخدام المنهجية العلمية لدراسة المنظمة وتحليلاً عملياً

بشكل يساعد المنظمة على تحديد النوعية المطلوبة من الأفراد مستقبلاً، وكذلك إعادة توزيع الموارد البشرية الحالية للتخلص من الأعداد الزائدة أو إعادة تأهيلها وتوزيعها من جديد، كما يساعد ذلك على قيام المنظمة بتقييم وضعها الحالي، والتعرف على نواحي القوة والضعف في جميع الجوانب التنظيمية والبشرية، وتحديد ما إذاكانت هناك حاجة لإحداث تغيير تطوير ببعض الجوانب، وذلك لتجنب انعكاس ذلك على محتوى ونوعية العمل والعاملين، ولتبني إستراتيجية لتخطيط قوة العمل يجب أخذ الأمور التالية باعتبار:

1. الموارد المالية للمنظمة، ووضعها الحالي وتأثير ذلك على خطط المنظمة في الجانبين البشري والتنظيمي.
2. ضرورة ربط أهداف المنظمة الإدارية بتخطيط القوى العاملة.
3. سياسات التشغيل الخارجية،لأن تخطيط القوة العاملة يتأثر دائما بالتنظيم والتشريعات.
4. أوضاع سوق العمالة من حيث العجز والفائض في النوعية والمستويات.
5. سياسات الهجر وما يترتب عليها من هجرة العمالة الجيدة.

ثالثاً: تطوير آليات الاختيار والتعيين:

إن عملية اختيار الأفراد وتعيينهم لاتقل أهمية عـن بقيـة متطلبـات التخطيط الجيد للمـوارد البشرية، لأن البعد الإنساني هو البعد القادر على تحقيق الاستغلال الأمثل لبقية العناصر الأخرى، فكفاءة وفعالية العناصر الأخرى ليسـت ذات قيمـة في حالـة غيـاب العنصر البشري السـليم، ويعتبر مفهوم الاستعداد والصلاحية والجدارة في توزيع الموارد البشرية الأسـاس السـليم لبـدء البنـاء التنظيمـي السـليم، ولذلك يجب أن تستعد عملية التعيين والاختيار لقوة العمل على:

1. مبدأ الاستعداد والصلاحية.

2. مبدأ الجدارة والكفاءة.

3. مبدأ العمل الملائم للمؤهلات والميول والقدرات.

إن مهمة اختيار الأفراد يجب أن تتم داخل التنظيم وفقاً لنوعية المهـارات المطلوبـة ومقارنتهـا مـع الموجود، ثم تلجأ المنظمة إلى بعض الأساليب للحصول على هذه القوة إما عن طريق الإعلان في الصحف المحلية أو الإعلان الداخلي أو الترقيات أو الإحلال لبعض العناصر، ولكـن في حلـة عـدم تـوافر الكفـاءات المطلوبة من داخل التنظيم، فعلى المنظمة القيام بعملية الاختيار والتعيين عليها أن تراعي ما يلي:

1. ربط تخطيط القوى العاملة الداخلية فيها بالاحتياجات الفعلية.

2. دراسة وتحليل الأوضاع الداخلية للتنظيم من حيث تركيبة قوة العمل،وكذلك الأبعاد المادية.

3. العمل على استغلال المصادر الداخلية والخارجية بصورة أمثل.

4. تتبع المنهجية العلمية في الاختيار،والابتعاد عن المعايير الاجتماعية والسياسية.

رابعاً: تطوير آليات التدريب:

حيث يلعب التدريب دوراً حيوياً في تنمية مهارات وسلوكيات الأفراد لغايات رفع الأداء وتحسينه، لذلك على المنظمة أن تأخذ بالاعتبار التدريب وأهميته، لما يتركه من أثر على الأفراد في تحقيق الكفاءة والفعالية، إن عملية التدريب تؤثر في التنظيم الإداري كون التنظيم يتكون من مجموعة من الأدوار المتداخلة واللازمة للوصول إلى الهدف، ويقوم بذلك الأفراد العاملين ممن يجب أن يكونوا على مستوى عال من الكفاءة والقدرة والمعلومات والخبرات المتنوعة والمتطورة التي تتلاءم مع التغيرات المتنوعة في المجال التنظيمي والتكنولوجي.

فالدور الوظيفي الذي يقوم به هؤلاء الأفراد يعتبر مصدراً للخبرات المتنوعة، بما يتضمنه من توقعات وأفكر وقيم ومهارات ذات تأثير على الأفراد العاملين، ويكون تأثيرها على أفكار الأفراد واتجاهاتهم وتطوير معلوماتهم، وعلى إعادة تشكيل دوافعهم وتنمية مهاراتهم، وتتأثر الأدوار التي يقوم بها الأفراد بما يملكونه من صفات وقدرات وذكاء ودوافع، فالعلاقة المتبادلة بين الأفراد والأعمال التي يقومون بها تحتاج إلى تجديد وتنشيط وتطوير.

وهنا يظهر دور وأهمية التدريب الذي يقدم معرفة جديدة، ويعمل على زيادة مايحمله الفرد من معلومات جديدة ومتنوعة، ويزيد مهارات الأفراد، ويؤثر على اتجاهاتهم، ويعدل أفكارهم، ويعمل على تعديل سلوكياتهم داخل التنظيمات بشكل ينعكس على العمل بحب وإخلاص، وزيادة الإنتاجية، فتحديد الاحتياجات التدريبية يعتبر في غاية الأهمية للتعرف على نقاط الضعف وتحديد المستويات التي تبدو بحاجة إلى تدريب، كما يتم التعرف على الأفراد وقدراتهم وتحديد من سيتم تدريبهم، بعد ذلك يتم تصميم البرنامج التدريبي وتحديد موضوعاته وأساليبه وأماكن عقده، كما يجب التركيز على عملية اختيار المدرب، والذي يجب أن يتمتع بقدرات عالية.

191

ويعتمد نجاح التدريب إلى حد كبير على قدرة المدرب الكفؤ الفعال، والذي يمتلك مهارات معينة في أداء الأدوار، وحتى ينجح المدرب يجب أن يتمتع بالمهارات التدريبية التالية:

1- مهارة العمل مع المتدربين كجماعة ديناميكية.

2- مهارة قيادة جماعات المتدربين بشكل ديمقراطي مشارك.

3- مهارة الاتصال الإيجابي بجماعة المتدربين.

4- مهارة تقييم الأداء.

5- مهارة التجريب وترجمة الأهداف السلوكية للمادة التدريبية.

6- مهارات التحليل والتقييم والمتابعة.

7- مهارة الملاحظة المنهجية للتعرف على مشاعر وأحاسيس المتدربين.

خامساً: تطوير آليات الأجور والحوافز:

تعتبر سياسات الأجور والحوافز والتعويضات من أهم الآليات ذات التأثير المباشر على سلوك وإنتاجية الأفراد العاملين، لذلك تعمل التنظيمات على تطوير هذه السياسات بصورة مستمرة، مع مراعاة الظروف الاقتصادية للأفراد العاملين، ومحاولة الوصول إلى حالة من التوازن بين الأوضاع الاقتصادية والعوائد المادية للعاملين، حتى تستطيع المنظمة المحافظة على الكفاءات البشرية الداخلية خوفاً من تسربها إلى الخارج، إن الاهتمام بهذه الأمور يلعب دوراً كبيراً في بقاء التنظيم في حالة من القوة والفعالية، حيث تؤدي إلى صقل سلوك الأفراد ودفعهم للمساهمة في التطوير، ويعتبر انتهاج سياسة رشيد للأجور وأنظمة الحوافز من أهم عوامل نجاح برنامج إدارة الأفراد في المنظمة، بل تعتبر هذه السياسات دوافع وحوافز للعمل، ومبدأ للعدالة والمساواة.

وبناء على ذلك يجب على كل منظمة من خلال إدارة شؤون الأفراد أن تحدد

الشروط الواجب مراعاتها لنجاح خطة الأجور الرامية إلى تحفيز الأفراد ودفعهم للعمل، ويجب أن تتوفر في هذه الخطة التشجيعية للأجور الخصائص التالية:

1. تحقيق فائدة لأكبر عدد من الأفراد.
2. ضمان حد أدنى من الأجر.
3. مشاركة العاملين في وضع الخطة الجديدة.
4. التوازن بين قيمة الأجر وبين الأداء.
5. الوضوح والبساطة.
6. أن يكون مقدار المكافأة التشجيعية ملموساً.

إن هذه الخطة التشجيعية لاتعمل بصورة منفردة، بل لابد من إتباع أنظمة حوافز جيدة لتحريك الأفراد ودفعهم للعمل، وعلى المنظمة التي تسعى لتطوير أنظمة الحوافز المعمول بها أن تتبع الخطوات التالية:

1. تحديد الأهداف الرئيسية والفرعية للحوافز.
2. إعداد دراسات شاملة لحوافزها.
3. الطلب من الجميع المشاركة في اقتراح، وتبني أنظمة حوافز جيدة.

الأفراد والتفكير الإبداعي

تعتبر مهارات التفكير الإبداعي من الأمور الواجب مراعاتها، وتنميتها لدى الأفراد العاملين في التنظيمات، حتى تتمكن هذه التنظيمات من مواكبة المستجدات ومواجهة التحديات، وذلك من خلال الاعتماد على كفاءتها وقدرتها الإبداعية في أفرادها للعمل عل التوفيق بين المثالية والواقعية، بأسلوب علمي يعتمد على قدرات أفرادها في التفكير والتخطيط والتحليل ...إلخ، إن دور المنظمة في هذا السياق هو العمل

193

على توفير مناخ يعمل على تنمية قدرات الأفراد، ويدعم الإبداع والتفكير الإبداعي لعلما بأن الإبداع هو المجال الأكثر أهمية في تعزيز التفاعل بين المنظمة وتحقيق أهدافها المستمدة من احتياجات هذه البيئة، وذلك بالإضافة إلى العمل، وبشكل إبداعي على إيجاد الحلول للمشكلات القائمة، سواء الداخلية منها أم الخارجية، ومن خلال توفير القادة القادرين على التأثير في الآخرين بشكل ايجابي .

ويرى البعض أن الإبداع ظاهرة متشعبة ومتنوعة لذا تصدى لها الكثير من الباحثين لدراسة والبحث وحاول كل منهم إعطاء تعريف يوضح مفهموم الإبداع، يعرف الإبداع بأنه تعبير عن الحقيقة الإنسانية التي تمكن الإنسان من التساؤل عن حقيقة الظواهر الكونية التي تحيط به، وتساعد على:

1. ابتكار وتطوير الأساليب والأدوات والأفكار التي تمكنه من كشفها أو تحليلها أو التوصل إلى قواعدها، وقوانينها التي تحكم وجودها.
2. ابتكار وتطوير الأساليب والأدوات والأفكار التي تمكنه من التعامل مع هذه الظواهر والاستفادة منها في تطوير حياته.
3. ابتكار وتطوير الأساليب والأدوات والأفكار التي تمكنه من تطوير الظواهر نفسها، بما يضمن استمرار بقائه وسعادته.

كما تم تعريف الإبداع "بأنه العمل المتميز بشكل يفوق ماهو عادي أو مألوف أو معروف، وقد يكون الإبداع إبداع أداء أو إبداع خلق.

وهناك من يعرفه بأنه قفزة من فوق المألوف نحو أرض جديدة، وأفق جديد من الحقيقة غير المألوفة.

مهارات التفكير الإبداعي

تفاوتت وجهات النظر حول مفهوم التفكير الإبداعي، فهناك من ينظر إليه على أنه وراثي أو فطري، وهناك من ينظر إليه على أنه مكتسب أي بالإمكان تنميته وتطويره بالتعليم والتدريب، حيث يرى البعض أن هناك علاقة طردية بين الذكاء والاستعداد للتفكير الإبداعي، ولكن الاستعداد أو التهيؤ لايتحول بالضرورة إلى سلوك إبداعي، فقد يظهر الشخص المبدع في الشرائح العليا للمجتمع، حيث مستوى الذكاء عال،ولكن بالضرورة أن كل من يتمتع بمستوى عال من الذكاء هو مبدع، فهناك عدد قليل ممن يستطيع مواصلة التفكير الإبداعي أو القيام بتحويل التفكير الإبداعي إلى سلوك إبداعي.

ويرى كل من جيلفورد ووليم جوردن أن التفكير الإبداعي من الأنماط التعليمية، وأن العملية الإبداعية ليست أمراً غامضاً بل يمكن تدريب الناس مباشرة على زيادة قدراتهم الإبداعية لو تم تعليمهم عمل ذلك، ويرى يونج أن الإبداع يعود للشعور الجمعي الذي يعتبر مصدر الأعمال الفنية العظيمة، وأن أي إنسان لديه شعور بأهمية الجماعة وبتقديرها له ولإنتاجيته، كما تحتاج إلى خبرات عملية واطلاع واسع واهتمام بخبرات الآخرين وآرائهم، ويمكن تنميتها، سواء أكان ذلك بوساطة جهود شخصية أو بمساعدة الآخرين من خلال الجوانب التالية:

1. تتبع المنهجية العلمية في التفكير التي ستحقق فوائد كثيرة للمبدع والإبداع وللتنظيم، وهذه المنهجية تتطلب تطبيق خطوات البحث العلمي من حيث:

أ- جمع المعلومات والبيانات والأفكار.

ب- القيام بعمليات التحليل لهذه المعلومات.

ج- التوصل إلى فكر جديد ثم البدء بالبحث عن آليات تطبيقه.

2. زيادة ثقة الأفراد بأنفسهم من حيث التفكير والعمل، والبحث عن الآليات المساعدة في تنمية هذه الثقة من خلال التعليم والأصدقاء والتجارب والخبرات.

3. ضرورة البحث والدراسة لمعرفة معوقات الإبداع على إيجا الحلول المناسبة لها.

عوامل التفكير الإبداعي

هناك العديد من العوامل المساعدة على التفكير الإبداعي، وتعتبر هـذه العوامـل مـن القدرات الأساسية الإبداعية، وهي:

أولاً: عوامل الطلاقة: هي القدرة على إنتاج عدد كبير من الأفكار الجديدة، وتتكون هـذه العوامـل مـن العناصر التالية:

أ- الطلاقة اللفظية : هي القدرة على إنتاج أكبر عدد من الكلمات ذات المعاني والجمل المفيدة.

ب- طلاقة التداعي : هي إنتاج أكبر عدد من الوحدات الأولية (الأفكار) ذات الخصائص المميزة.

ج- الطلاقة الفكرية: هي إنتاج أكبر عدد من الأفكار التي تنتمي إلى نوع معين الأفكار في زمن محدد.

د- الطلاقة التعبيرية: هي القدرة على التعبير والصياغة في عبارات مفيدة.

ثانياً: عوامل المرونة: هي مايتميز به بعض الأفراد المبدعين عن غير المبدعين في مجال القدرة على تغيير التفكير.

ثالثاً: الإصالة : هي القدرة على سرعة إنتاج أكبر عدد ممكـن مـن الاستجابات غيـر المباشرة والأفكار الطريفة غير الشائعة.

رابعاً: الحساسية للمشكلات: هي القدرة على مجابهة موقف معين ينطوي على مشكلة أوعده مشكلات تحتاج إلى حل، وأن هذا الموقف قد يكتنفه نقص ما أو يحتاج إلى تغيير.

خامساً: عملية التقييم، تحتاج عمليات الإبداع في إظهار الأفكار إلى تقييم النشـاط

الإبداعي، وإفرازه وتبني الأفضل.

معوقات التفكير الإبداعي

تتعدد معوقات التفكير الإبداعي في التنظيمات الإدارية، وتأخذ شكلين أساسيين: فهناك المعوقات التنظيمية المتمثلة باللوائح والتعليمات، وهناك المعوقات البشرية وهي مايمثله العنصرالبشري نتيجة للقصور في المهمات والتفكير والعلاقات...الخ، وكلما استطاعت المنظمة تحديد المعوقات كلما كانت هناك فرصة أكبر للإبداع والتفكير الإبداعي، ويمكن تحديد هذه المعوقات بما يلي:

1- القيادة: أن النمط القيادي المتبع يشكل عقبة أمام التفكير الإبداعي، فالقيادة الاستبدادية لا تسمح بظهور الإبداع في النشاطات الإدارية، نتيجة لعدم إعطاء الأفراد فرصة للمشاركة في صنع القرار أو لتبادل الآراء والمقترحات.

2- الضغوط التي تمارسها الجماعات غير الرسمية: حيث تشكل هذه الضغوطات حاجزاً أمام الإبداع والتفكير الإبدعي، إذ تحول دون عدم إعطاء أي فرصة لتقديم حلول أو آراء أو مقترحات جديدة.

3- ضعف الإمكانات المادية والبشرية وعدم توافر المناخ التنظيمي المناسب: نتيجة لافتقاده العناصر التنظيمية الجيدة مثل عدم توافر أنظمة حوافز ذات تأثير على الأفراد، أو عدم توافرمعايير عدالة بين الأفراد.

4- عدم توافر الاستقرار الوظيفي يمنع الأفراد من التفكير والإبداع.

5- عدم وضوح الأهداف التنظيمية: وما يترتب عليها من تدني الروح المعنوية وروح الإبداع، يعتبر عائقاً يمنع قيام الأفراد بممارسة الإبداع في النشاطات الإدارية.

قائمة المراجع

1) المراجع العربية:

1- فريد النجار، التغيير والقيادة والتنمية التنظيمية- محاور الإصلاح الاستراتيجي. الدار الجامعية. الإسكندرية، 2007.

2- عثمان فاروق السيد، قوى إدارة التغيير في القرن الحادي والعشرين، دار الوفاء للطباعة والنشر، (ط1). المنصورة- مصر، 2000.

3- موسى اللوزي، التطوير التنظيمي: أساسيات ومفاهيم حديثة، (ط1). دار وائل للنشر والتوزيع، الأردن، 2003.

4- منال طلعت محمود، أساسيات في علم الإدارة. المكتب الجامعي الحديث. مصر، 2003.

5- محسن أحمد الخضيري إدارة التغييردار الرضا للنشر دمشق، 2003.

6- هاني العمري، التطوير التنظيمي وإعادة التنظيم، (ط1). عمان- الاردن، 2007.

7- محمد طاهر نصير، ادارة التغير والتحديات العصرية للمدير، (ط1). دار الحامد للنشر، 2006.

8- عبد العزيز خليفة العسيري، إدارة التغيير- الدليل العلمي لإدارة التغير وإعادة الهندسة- الدوحة، 2005.

9- أحمد ماهر، السلوك التنظيمي- مدخل بناء المهارات، الدار الجامعية، (ط1). القاهرة- مصر، 2000.

10- حسن راوية، السلوك التنظيمي المعاصر، الدار الجامعية للطبع والنشر والتوزيع، الإسكندرية، 2002.

11- دوجـلاص سـميث، إدارة تغيير الافـراد- المبـادئ والاسـتراتيجيات والـرؤى، ترجمـة عبـدالحكيم أحمد الخزامي، إيتراك للطباعة والنشر، 2001.

12- طيب سعيد، التغيير التنظيمي وأثره في تأهيل المؤسسات الإنتاجيـة، الملتقى الـدولي: متطلبـات تأهيل المؤسسات الصغيرة والمتوسطة في الدول العربية، كلية العلوم الاقتصادية وعلوم التسـيير. جامعة حسيبة بن بوعلي، الشلف، 2006.

13- محمد قاسم القريوتي، السلوك التنظيمي. دار الشروق. عمّان –الأردن، 2003.

14- بهاء الدين المنجي العسكري، إدارة التغيير في منظمات الأعمال. عمان- الاردن، 2010.

15- محسن أحمد الخضيري، إدارة التغيير، دار الرضا للنشر. دمشق، 2003.

16- محمود حسن حسـني، إدارة أنشـطة الابتكار والتغييـر دليـل انتقـادي للمـنظمات، دار المـريخ للنشر. السعودية، 2004.

17- أحمد صقر عاشور، إصلاح الإدارة الحكومية. المنظمة العربية للعلوم الإدارية. القاهرة، 1995.

18- ثابت عبد الرحمان إدريس، المدخل الحـديث في الإدارة العامـة، الـدار الجامعيـة. الإسكندرية- مصر، 2003.

19- ياسر مناع، نماذج لمفاهيم الإصلاح الإداري في الـوطن العربي" في نـاصر الصـائغ الإدارة العامـة والإصلاح الإداري في الوطن العربي، المنظمة العربية للعلوم الإدارية. عمان- الأردن، 1986.

2) المراجع الاجنبية والانترنت:

1- Dean Anderson، Linda s. Ackerman p.3 Library of Congress Cataloging in publication Data، 2001.

2- Denhardt، R. B.، and Denhardt، J. V، The new public service: serving rather than steering. Public Administration Review، 2000.

3- Shermerhorn John et al، Managing Organizational Behavior New York: Wiley، 4th ed. C، 1991.

4- Barzelay، M، Breaking through bureaucracy: A new vision for managing

5- in government، Berkeley and Los Angeles: University of California Press، 1992.

6- Albraak Abdurrahman: Organizational change and innovation، unpublished scientific research، Riyadh، 2008.

7- Kettle، D. F، The global public management revoluation: a report on the

8- transformation of governce. Washington، D.C..: Brookings Institution، 2000.

9- Yoash Weiner، Forms of Value Systems; A Focus on Organizational Effectiveness and Culture Change and Maintenance Academy of Management Review، 1998.

10- Serge Raynal: le Management par projets « Approche stratégique du changement »، 3^{éme} édition، Editions d'organisation، paris، 2003.

11- James، O، Business models and the transfer of businesslike central government agencies. Governance: An International Journal of Policy and Administratio ،2001.

12-   Ken Robinson، Balancing the Book   Out of OurMinds:earning to be Creative.Capstone، Oxford، 2001.

13-   http://www.oman0.ne

14-   www.alasr.ws/index.cfm

15-   www.qudityconf.com

16-   http://www.elriadh.com

17-   http://www.oman0.net/forum

Printed in the United States
By Bookmasters